5 Tage hat die Woche

J&V

Inhalt

Wilhelm Meissel Der eisgekühlte Bücherwurm

Bibliothekar — ein Bücherwurm? Die Vorstellungen über diesen Beruf stimmen oft mit der Wirklichkeit nicht überein. Gewiß, niemand denkt heute noch an das Bild Spitzwegs: Da steht ein alter Mann, weißhaarig, im schwarzen Rock vor einem Bücherregal auf der Leiter, hält ein aufgeschlagenes Buch in der Hand, eines zwischen den Knien, und blickt durch die vorne auf der Nase sitzende Brille selbstvergessen in den Text. Ein Bild der Meditation. Das ist Vergangenheit. Trotzdem ist mit dem Begriff Bibliothekar noch immer ein brillentragender Stubenhocker verbunden, der auf Zehenspitzen zwischen den Regalen schleicht, flüsternd Auskünfte erteilt, Klassiker zitiert, aus dem Kataloggedächtnis Geburts- und Sterbedaten berühmter Literaten abschnurrt, gewissermaßen einiges auf dem Kasten hat, dafür bleich und mit eingefallener Brust, schwachen Beinen und mageren Bizepsen im sogenannten normalen Leben nichts zu bestellen hat. Außerdem scheint das Wirken einer solchen Katalog- und Katastermaus in gut geheizten Räumen mit geregelter Arbeitszeit vor sich zu gehen, wofür sie ein beachtliches Gehalt empfängt und darüber hinaus viel Zeit und Muße für private Leseinteressen hat.

Niemand käme auf die Idee, daß ein Bibliothekar beruflich gegen Glatteis zu kämpfen hat oder daß er zur Schneeschaufel greift, um seine Bücherei zwischen Schneewächten in die richtige Position zu bringen.

Es war Mitte Jänner. Der Bücherbus, ein langer Sattelschlepper, fuhr aus, war mit 3000 Büchern unterwegs, um die Leser in den Randgemeinden der Stadt zu betreuen. Zwei Mann, wegen Personalmangels nur zwei Mann, der Büchereileiter Walter Schmid und der Buslenker Erich Mayer, saßen in der Fahrerkabine und blickten verdrossen in das Schneetreiben. Noch war es warm, denn solange der Motor lief, spendete er Wärme. Es schneite. Der Straßendienst hatte über Rundfunk Warnungen durchgegeben und alle Autofahrer gebeten, ihr Fahrzeug stehen zu lassen und ihren Weg zu Fuß anzutreten. Schneeverwehungen konnten nur mühsam beseitigt werden, steckengebliebene Autos wurden sich selbst überlassen.

Der Bücherbus aber fuhr. Walter Schmid erwartete keinen großen Besuch in der Bücherei, doch der Fahrplan wurde eingehalten, mußte eingehalten werden. Das war man sich — schon wegen der Berufsehre — und der Institution schuldig.

Es war drei Uhr nachmittags, die erste Ausleihestelle war erreicht, der Bücherbus bereitgestellt, die Regale wurden geöffnet. Der Motor lief. Er betrieb die Heizung und wurde von Akkumulatoren gespeist; er stotterte, das Deckenlicht flatterte, die Türenautomatik arbeitete zäh.

Es wurde früh dämmrig, und es schneite noch immer. Die ersten Besucher kamen. Meist waren es Kinder, vermummt oder im Schidreß, sie stampften den Schnee von den Beinen und rutschten zur Ausleihetheke. Sie gaben Bücher ab, empfingen neue und verschwanden mit ihren Plastiktaschen aufheulend im Gestöber zur Schneeballschlacht.

Nach einer halben Stunde Betrieb setzte das Licht aus. Erich Schmid mußte sich nun entscheiden: entweder Licht oder Heizung oder Türautomatik. Zuerst stellte er die Heizung ab, damit die Akkus nicht völlig ausgesogen wurden.

„Was jetzt?“ fragte Mayer, der mithalf, die Bücher in den Regalen zu ordnen.

„Jetzt ziehen wir uns an“, sagte Schmid.

In Handschuhen, im Mantel und einer über die Ohren gezogenen Schimütze wurden noch weitere Leser betreut, Bestellungen entgegengenommen, Sonderwünsche notiert, kassiert, gestempelt und Neuerscheinungen angepriesen, dann blieben die Besucher aus.

Der Wind wehte die Schneekristalle gegen Fenster und Blech, es rieselte wie Sand in einer Sardinenbüchse. Mittlerweile war es knapp

„Dort habe ich bei der Autobushaltestelle die Wende freigemacht. Weiter geht es nicht", sagte der Schneepflugfahrer. „Dreht um und schaut zu, daß ihr in euren Stall kommt."

„Die Wende ist frei? Das ist prima. Dort ist unsere Ausleihstelle", sagte Mayer.

„Ausleihstelle?"

„Ja. Bücherbus."

„Schmeißt eure Bücheln in den Schnee, Tee mit Rum müßt ihr verkaufen", sagte der Schneepflugfahrer. „Und noch etwas: Wenn ihr nicht bald heimfahrt — in einer halben Stund' ist alles wieder zu."

Beide kurbelten die Fenster hinauf, beide fuhren vorsichtig wieder an. Nach wenigen Minuten tauchten hinter den Schneevorhängen die Umrisse der Siedlung auf. Sie kurvten in die Wende hinein, kamen dem Wartehäuschen der Bushaltestelle schon ganz nahe —, ein paar vermummte Gestalten trippelten darin herum —, und dann scharrte und knirschte es gegen die Bücherbuswand — sie saßen fest.

„Verdammt", sagte Mayer, „die Kurve ist zu eng. Wir kommen zwischen den Schneewänden nicht durch. Dem ist es auf einen halben Meter angekommen."

„Hast du Schaufeln mit?"

„Zwei Stück."

Sie luden die Frau mit ihrem Kind und den Schlitten aus, die sofort im Gestöber verschwanden. Dann holten sie aus dem Gerätekasten die Schaufeln, arbeiteten sich auf die Höhe der Schneemauern und stachen den zusammengepreßten Schnee in großen Blöcken ab, ließen sie hinunterkollern auf die Straße. Sie mußten durch, sonst saßen sie fest bis zur Schneeschmelze. Es war nicht viel, was fehlte, aber es dauerte immerhin eine Viertelstunde, bis sie die Schneemauer so weit ausgehöhlt hatten, daß der Schlepper passieren konnte.

Als sie mit nassen Schuhen, feuchten Hosenbeinen und durchweichten Handschuhen endlich vor das Wartehäuschen fuhren, begannen die Leute im Wartehäuschen zu applaudieren.

„Dafür kauf ich mir ein Haus in der Südsee", murrte Mayer.

Sie richteten den Bus zur Ausleihe her. Die Kapazität der Batterien war nahezu erschöpft. Die Heizung funktionierte längst nicht mehr, nun fiel auch noch die Türautomatik aus. Sie ließen daher die Tür offen, zogen nur den Vorhang zu, aber der Wind hob ihn in die Höhe und wehte Schnee herein.

„Vorsicht, Glatteis", sagte Schmid.

„Gut, daß wir Raucher sind", bemerkte Mayer sarkastisch, ging in die Arbeitskoje, holte zwei volle Aschenbecher und streute den Inhalt auf den Boden.

„Einlaß, bitte!" schrie Schmid, und die Leute aus dem Wartehäuschen stapften herein, schlugen mit den Armen um sich und zeppelten vorsichtig zum Ausleihepult.

Bücher wurden getauscht. Ein Leser kam mit Langlaufschiern und Rucksack. Er füllte seinen Rucksack wieder mit acht Büchern, und ehe er davonspurte, sagte er: „Wer weiß, wann ihr wiederkommt."

Die meisten Kunden kamen mit Schlitten, auf denen Einkaufstaschen, kleine Brikettsäcke und Unterzündholz lagen. Fast alle fanden ein gutes Wort dafür, daß der Bücherbus gekommen war.

„Kalt habt ihr's hier", sagten sie und stapften wieder davon in die Winternacht.

Zäh verging die Zeit, die Kälte wurde immer ärger.

„Ich muß mal", sagte Mayer und verließ den Bus. Er kletterte über Schneewächten, watete bis zu den Knien im Schnee, suchte verzweifelt eine windgeschützte Stelle in der weiten Ebene, in der im Sommer die Weizenfelder standen, rutschte in einen Graben, krabbelte wieder heraus, bis er es nicht mehr aushielt, sich von Wind und Schneetreiben abwendete und sein Geschäft erledigte.

Es kamen keine Leser mehr. Aber es war noch nicht neunzehn Uhr.

„Sollen wir abhauen?" fragte Mayer.

„Ich weiß nicht. Wenn doch noch wer kommt?"

„Und wenn die Straßen zu sind?"

„Ich gehe einmal hinaus", sagte Schmid.

Die Schneeflocken trieben waagrecht durch die Luft, der Wind pfiff um das Wartehäuschen. Die Straße war nur noch daran zu erkennen, daß neben ihr die Leitungsmasten standen. Wohin man blickte, war es leergefegt und einsam, keine Lichter von verwegenen Fahrzeugen, totes, erstarrtes Land. Fröstelnd rannte Schmid zurück in den Bus und zog die Tür zu.

„Schauen wir, daß wir weiterkommen", sagte er.

Sie schlossen die Regale, die Laden, verstauten die Kasse, fixierten alle beweglichen Teile und drosselten das Licht.

„Den Zettel, wir müssen den Zettel auf die Ausleihetafel kleben, damit die Leute wissen, wann wir wiederkommen!"

Der Kleister war gefroren, splitterte, war unbrauchbar.

„Ich binde ihn mit einer Schnur an", sagte Mayer und rannte noch einmal hinaus.

Das war die letzte Arbeit, die sie an diesem Abend zu tun gedachten. Außer der Heimfahrt. Ihnen graute davor. Sie rannten in die Fahrerkabine und strampelten mit den Beinen.

„Kannst du dich erinnern", fragte Schmid, „hier, an dieser Stelle, ist uns einmal ein Leser umgefallen, weil es mehr als sechzig Grad im Bus gehabt hat."

„Auch ein Alptraum", sagte Mayer. „Die Hälfte würde uns heute genügen."

Das Vorglühen dauerte eine Weile, bis der Motor ansprang. Der Scheibenwischer kratzte über das angeeiste Glas, der Dunst ihres Atems schlug sich gegen die Scheiben, und es blieb ihnen nichts übrig, als die Fenster zu öffnen. Dann fuhren sie endlich, eigentlich schlichen sie dahin, weil die Straße kaum zu erkennen war. Es war ein Glück, daß da die Leitungsmasten und ab und zu auch Bäume standen, das gab Richtung, Orientierung.

Sie beschleunigten die Fahrt, fuhren hinein in die Weiße des Scheinwerferlichts, der Schnee stäubte auf und raubte ihnen die Sicht.

Dann drehten die Räder durch, der Anhänger schwänzelte, sie rutschten zur Seite und bohrten sich in die Schneewächte. Mayer und Schmid wurden aus den Sitzen gehoben, und hinter ihnen im

Anhänger rumpelte und polterte es. Sie wußten, was das bedeutete. Die Buchklemmen waren aufgesprungen, die Bücher waren aus den Regalen gestürzt. Eine Fleißaufgabe für den kommenden Tag.

Rückwärtsgang — nichts. Differenzialsperre — nichts.

„Aus", sagte Mayer.

Beide sprangen aus dem Bus und betrachteten die Bescherung.

„Da helfen auch keine Schaufeln mehr", sagte Schmid. „Da hilft nur der Abschleppdienst. Ich mach mich auf den Weg zum nächsten Telefon."

Er ließ Mayer zurück und spurte auf der einsamen Straße durch den Schnee der Stadt zu. Nach einer halben Stunde, in der ihm nichts entgegenkam, ihn nichts überholte, erreichte er ein Gasthaus. Das Telefonat dauerte lange, die Leitungen waren überlastet; endlich bekam er von der zuständigen Abteilung Bescheid, daß ein Einsatzfahrzeug vom Straßendienst unterwegs sei. Schmid spurte zurück, seine Fußstapfen waren längst verweht, und erreichte ausgepumpt den Bücherbus. Der lag da wie ein verendeter Lindwurm.

Er kroch in das Führerhaus. „Sie kommen", sagte er zu Mayer.

„Hoffentlich bald", sagte Mayer, „ich bin schon am Verhungern."

Sie ließen den Motor laufen, um nicht zu erfrieren. Es verging eine Stunde, bis sich ihnen ein gewaltiges Fahrzeug näherte, das sein gelbes Warnlicht in die Nacht vorausschickte. Ein Mann vom Straßendienst stieg aus, kam zu ihnen herüber und besah sich die Lage.

„Zuerst hole ich den Autobus", sagte er, „dann kommt ihr dran."

„Ja, warum denn? Autobusse gibt's doch mehr, Bücherbus gibt's nur einen", protestierte Schmid.

„Autobus ist wichtiger", sagte der Mann vom Straßendienst, hockte sich in sein Ungetüm und rasselte fort.

„Der ist beklopft", sagte Mayer aufgeregt. „Er könnte den Karren ruhig verrotten lassen, der ist sowieso nur mehr ein Schrotthaufen. Aber unser Millionending — das läßt er einfach liegen!"

Sie warteten, warteten, froren und hungerten und stampften mit den Beinen.

„Nicht einmal abgerechnet haben wir heute — und die Buchkarten nicht zurückgereiht und keine Mahnungen geschrieben", sagte Schmid.

Mayer schwieg. Er lauschte auf den Rhythmus des Motors, der war ihm wichtiger. Das war ihm nicht zu verübeln. Denn von ihm hing sehr viel ab. Aber schließlich konnten sie immer noch aussteigen und die Stadt zu Fuß erreichen.

Inzwischen war es 21 Uhr geworden. Es schneite noch immer, und der Schnee lag nun einige Finger dick auf den Scheiben. Da vernahmen sie Schritte und Stimmen, und irgend jemand hämmerte gegen die Tür. Mayer öffnete, Wind und Schnee fuhren in die Kabine und mit ihnen die Kälte. Draußen standen zwei Männer. Einer war der Mann vom Straßenhilfsdienst.

„Geht nach Hause. Eure Kiste kann ich erst morgen holen, vielleicht", sagte er. „Ich steck selber im Graben und kann nicht mehr heraus. Scheißwetter."

„Das gibt's nicht", sagte Schmid.

„Alles gibt's", sagte der Mann.

Sie versperrten den Bücherbus und schlossen sich den beiden anderen an. Zu viert wanderten sie durch die Winternacht und rückten langsam der Stadt näher. Die Straßen waren leer, kaum ein Fahrzeug war unterwegs. Nur jene Verkehrsmittel waren noch in Betrieb, die unter der Erde fuhren. Mit ihnen kamen sie wenigstens der Gegend nahe, in der sie zu Hause waren. Das waren sie knapp vor Mitternacht.

Die Ausleihestatistik des Bücherbusses für den Monat Jänner fiel mager aus. Schlechtwetter, Kälte und die übliche Weihnachtssättigung hielt die Menschen vom Lesen ab. Die vorgesetzte Dienststelle ließ das Bücherbusteam wissen, daß sie mit dieser Leistung nicht zufrieden war. Mehr Engagement, mehr persönlicher Einsatz seien vonnöten.

Der Bücherbuslenker hörte sich das schweigend an. Dann sagte er zu Schmid: „Ich hau den Hut drauf."

Er gründete ein Taxiunternehmen und wurde sein eigener Chef. Schmid fuhr noch einige Jahre im Bücherbus, doch dann wurde er aus gesundheitlichen Gründen versetzt. Er litt an Rheuma und chronischem Blasenkatarrh. Klosetts gab es nur in ortsfesten Büchereien.

Ernst Nöstlinger Der Windbruch

Der Frühling war bald gekommen in diesem Jahr. Zu bald. Schon in den ersten Märztagen waren die Südhänge fast völlig ausgeapert. Die Leute in der Gegend hatten das mit einem gewissen Mißtrauen beobachtet. Sie wußten, daß man sich nie zu früh freuen soll. Egal, ob es sich um das Wetter oder um die Versprechungen der Politiker handelte oder die Angebote in den Versandkatalogen.

Der Boden ist karg im nördlichen Waldviertel. Die Bauernwirtschaften sind klein. Also müssen die Leute dazuverdienen. Etliche der Nebenerwerbsbauern aus der Gegend fahren nach Linz in die VÖEST, wo sie als Hilfsarbeiter arbeiten. Pro Schicht zwei Stunden hin mit dem Autobus, zwei Stunden zurück. Andere arbeiten, vor allem im Herbst und im Winter, bei den großen Forstverwaltungen — „im Hoiz bei da Herrschaft", wie sie das nennen. Mit eigenem Arbeitsgerät, also Traktor, Seilwinde, Motorsäge, Sapel und Hacke, schlägern und verarbeiten sie das Holz und bringen es auf die Stapelplätze, von wo es abtransportiert wird. Bezahlt werden sie nach der Menge des aufgearbeiteten Holzes, sind also nicht als Arbeiter angestellt, sondern gelten als „freie Unternehmer". Das spart den Waldbesitzern einiges an Sozialbeiträgen. Gewöhnlich wird in Viererpartien gearbeitet. Für einen oder zwei wäre diese harte, oft auch gefährliche Arbeit nur schwer zu schaffen.

Recht haben sie gehabt mit ihrem Mißtrauen, die Leute: Mitte März war der Winter zurückgekommen. Mit Stürmen und Schneefällen, die drei Tage andauerten. Dann lag wieder ein halber Meter Schnee auf Äckern und Wiesen. Das war zwar unangenehm, aber noch kein Unglück, weil noch nichts angebaut war. Schlimm hingegen sah es nach dem Schneesturm in den Wäldern aus. In die hatte der Sturm breite Schneisen geschlagen, in denen die Bäume kreuz und quer durcheinanderlagen. An den Stellen, die eher windgeschützt waren, hatte der schwere Neuschnee Wipfel abgerissen wie nichts. Wenn dieses Bruchholz nicht vor Beginn der warmen Jahreszeit aufgearbeitet wurde, bestand die Gefahr, daß sich der Borkenkäfer im toten Holz einnistete und die gesunden Bestände auch noch vernichtete.

Der Furtner Leo, der Auer Hans, der Pichler Hans und der Huber Wiggerl hatten für diesen Winter mit der Forstverwaltung, für die sie seit Jahren arbeiteten, schon abgerechnet gehabt. Jetzt, nach dem Windbruch, wurden sie wieder gebraucht. Spät am Abend noch hatte sie der Förster angerufen und ihnen den Buchengraben, der etwa eine Traktorstunde von ihren Höfen entfernt lag, zum Aufarbeiten zugewiesen.

Am nächsten Morgen, kurz nach sechs, fuhren sie auf ihren Traktoren durch den matschigen Neuschnee zu ihrem neuen Arbeitsplatz. Wo die Forststraße zum Buchengraben abzweigte, hatte der Schneepflug in der Nacht eine mannshohe Wand aus schweren Schneeschollen quer über die Zufahrt geschoben. Sie mußten anhalten.

„Da kannst eh glei wieder umdrahn", sagte der Auer Hans und spuckte gut gezielt durch eine Zahnlücke auf das Hindernis.

„Kedn miaß ma hoid aufitoa", widersprach ihm der Huber Wiggerl, „oba de wern ma drin eh a braucha."

Mit vor Kälte steifen Fingern wuchteten sie die schweren Ketten, die ein Mann kaum schleppen kann, über die Räder. Dann schaufelten sie eine Anfahrtbahn frei, und der Furtner fuhr als erster gegen das Hindernis. Die Vorderräder seines Traktors rutschten hin und her, stiegen an der Schneemauer hoch, der Traktor kam in eine gefährliche Rücklage. In letzter Sekunde sprangen der Auer und der Huber auf die Vorderachse, drückten die Vorderräder in den Schnee zurück. Die Hinterräder drehten in dem Matsch aus Schnee und aufgewühlter Erde immer noch durch, aber durch die zusätzliche Belastung der Vorderräder schob sich jetzt der Traktor langsam durch das Hindernis. Die anderen konnten in dieser Spur nachkommen. Immerhin hatten sie bei dieser Aktion zwei Stunden verloren. Zwei Stunden, in denen sie nichts verdient hatten.

Im Buchengraben sah es wüst aus. In einer Breite von hundert Metern hatte der Sturm alles niedergemacht. Sie versanken bis über die Knie im Schnee, als sie, steif vor Kälte, umständlich von ihren Traktoren herunterkletterten.

„Meine Herrn, da schauds ja gsund aus", brummte der Furtner, der genau sah, was da auf sie zukam.

„Da woaßd ja ned amaoi, wosd anfanga soisd", stimmte ihm der Huber Wiggerl zu.

Aber sie mußten anfangen. Als erstes walzten sie mit den Traktoren einen Lagerplatz frei. Dann machten sie sich an die Arbeit. Sie sprachen kaum dabei. Jeder wußte, wo er anzupacken hatte. Nur das schrille Heulen der Motorsägen, die sich in das Holz fraßen, war zu hören. Auf die Frühstückspause verzichteten sie, weil sie wenigstens einen Teil der verlorenen zwei Stunden einholen wollten. Knietief im Schnee watend, arbeiteten sie sich, so gut es ging, voran. Der Furtner schnitt die Bäume um, der Auer und der Pichler entästeten sie, und der Huber schleppte die Stämme mit Seilwinde und Traktor zum Lagerplatz. Immer wieder sperrten sich die teilweise tief im Schnee vergrabenen Äste, verspießten sich die Stämme beim Abtransport, kam die Arbeit ins Stocken. Bis Mittag hatten sie noch keine zehn Stämme auf dem Lagerplatz.

„A Sauarbeit is des, a schiache", schimpfte der Pichler, während er versuchte, ein Feuer zu machen, das aber mit dem grünen Holz nicht brennen wollte, und das dürre lag tief unter dem Schnee. Sie schleppten einen Baumstamm nah an das armselige Feuer, um während der Mittagsrast ihre durch und durch nassen Kleider ein wenig zu trocknen. Aus den Ledertaschen, die sie schon als Kinder zum Schulgehen gehabt hatten, holten sie ihr Mittagessen. Speck und Brot und Tee aus Thermosflaschen.

„Wann i mia des so aschau", sagte der Pichler und deutete die Lichtung hinauf, „dann san mia in Summa no da."

„Was wüllsd machn", der Huber Wiggerl hatte die Stiefel ausgezogen und hielt sie gegen das Feuer, „aufgramd wern muas es . . . sinst kimmd da Kefa . . . und was des hoaßd, des woaßd eh!"

„Mehr Leut soid er hoid herstelln, der Herr Första", fing der Pichler nach einer Weile wieder an, „mid oana oanzign Partie, da siagsd ja an Noan glei!"

Keiner machte sich die Mühe, ihm zu antworten. Daß Arbeitskräfte im Wald knapp waren, weil die Arbeit lausig und noch dazu schlecht bezahlt war, das wußten sie auch ohne langes Herumreden.

„Hiazt gehds ja no, oba in zwoa, drei Wocha, wann dahoam die Arbeit angeht, was is denn dann?" Auch darauf kriegte der Pichler keine Antwort.

Nach knapp zwanzig Minuten stand der Furtner auf. Er klopfte dem Pichler aufmunternd auf die Schulter: „Bua,midn Jammern kimmst erscht zu nix . . . gemmas wieder an!"

Sie packten die Motorsägen und machten sich wieder an die Arbeit. Ohne viel Reden arbeiteten sie sich in den Hang hinein. Nur wenn sich ein Stamm besonders bockig in einen anderen verkeilt hatte, gab es ein paar Flüche zu hören. Sonst nur das schrille Kreischen der Motorsäge und das aufgeregte Tuckern des Traktors, wenn ein Stamm herausgeschleppt wurde. Auch am Nachmittag machten sie keine Rast, denn sie hatten die Verzögerung vom Morgen noch immer nicht eingeholt.

Aber nichts ist bei der Holzarbeit gefährlicher, als ein zu hohes Arbeitstempo. Es kommt viel mehr auf Augenmaß und Genauigkeit an.

Sie waren gerade dabei, eine große Fichte zu entästen, die zwei Meter über dem Boden abgebrochen war. Sie kamen aber nicht weiter, weil sich ein zweiter Baum quer darübergelegt hatte. Der Furtner kletterte hinauf. Obwohl die beiden ineinander verkeilten Stämme gefährlich schwankten, gelang es ihm, den oberen durchzuschneiden. Inzwischen hatte der Huber Wiggerl seinen Traktor zwischen Wurzelstöcken und Felsbrocken hindurch, die er freilich im Tiefschnee mehr ahnen mußte, als er sie sehen konnte, an einen halbwegs geraden Platz manövriert. Mit Hilfe der Hydraulik rammte er den schweren Haltebügel in den Boden. Er ließ das Stahlseil von der Winde ablaufen, das der Furtner um den oberen, querliegenden Baum schlang. Der Furtner sprang herab, und zu dritt versuchten sie mit Sapel und Hebelstangen den Baum anzuheben, damit das Seil leichter gespannt werden konnte. Der Huber setzte die Seilwinde in Bewegung. Langsam, knirschend und ächzend, hob sich der Baum. Und dann war da auf einmal ein scharfes, zischendes Pfeifen in der Luft.

„Nieder, Manner, nieder", schrie der Huber. Er konnte gerade noch den Hebel der Seilwinde auf Halt bringen und schmiß sich, keine Sekunde zu früh, in den Schnee. Die andren drei hatten sich ebenfalls zu Boden geworfen. Das Stahlseil schwirrte in Meterhöhe über ihnen durch die Luft. Mit dumpfem Klatschen landete es an einem Baum, dann war Stille. Nicht einmal das Rattern des Traktors nahmen sie wahr.

„Bua, des war hiatzt knapp", meinte der Furtner, gelassener als er in Wirklichkeit war. Auch die anderen rappelten sich hoch und klopften sich den Schnee aus den Kleidern. Sie holten das Stahlseil ein, das sich zwischen den Stämmen verfangen hatte. Jetzt sahen sie auch, was sie vorher, in der Eile, übersehen hatten. Der querliegende Stamm war weiter oben noch einmal durchgesplittert gewesen. Infolge der Spannung war er an dieser Stelle abgerissen, und die Seilschlinge war abgerutscht. Eigentlich eine ganz logische Sache. Sie sprachen auch nicht weiter über den Vorfall. Nur am Abend, bevor sie nach Hause fuhren, sagte der Furtner: „Buam, heid hamma mehr Glück als Verstand ghabt" — und dann sagte er, was er immer sagte, bevor sie sich trennten: „Also, morgen um sechse beim Kreuzstöckl!"

In den nächsten Wochen waren sie täglich außer Sonntag im Buchengraben. Zwischenfälle gab es keine mehr. Die Arbeit wurde auch insofern leichter, als sich das Wetter gebessert hatte und der Schnee weggeschmolzen war. Trotzdem wurden die vier Männer immer unruhiger. Denn jetzt wäre es Zeit gewesen, zu Hause mit der Feldarbeit anzufangen. Höchste Zeit sogar. Die Äcker waren endlich wieder abgetrocknet. Gerste, Hafer und das Sommerkorn hätten hinaus gehört und dann die Erdäpfel. Der Sommer war meistens ohnedies viel zu kurz. Andererseits drängte der Förster, der den Wald geräumt haben wollte, bevor es richtig warm wurde.

„Wann mian hiatzt hänga lassn n Föasta . . . des gehd oafach ned", sagte der Auer.

„Wann mian hiatzt hänga lassn", sagte der Furtner, „dann brauchn mia'n im nexdn Winta goa nimma fragn . . . wegn oana Oabeit".

Dieses Argument gab den Ausschlag. Und in dieser Situation mußten eben wieder einmal ihre Frauen einspringen. Die vier Männer fuhren nur mehr mit zwei Traktoren in den Wald. Mit den andren beiden erledigten die Bäuerinnen in diesem Frühjahr die gesamte Feldarbeit — zur normalen Haus- und Küchenarbeit dazu. Es war, darüber waren sich alle einig, die einzige Möglichkeit, die Arbeitsplätze der Männer für den nächsten Winter zu sichern.

Marianne Gruber Sehen, wo man bleibt

Der Frühnebel lag noch dicht über den Wiesen und verdeckte den See im Tal, als Jurko das Haus auf dem Berg verließ. Er war wieder zu spät dran.

Verdammter Mist, dachte er. Es ging sich einfach nicht aus: Kühe melken, auf die Weide treiben, hundert andere Handgriffe, ehe er aufbrechen konnte. Um sieben Uhr hatte er sich in der zwanzig Kilometer entfernten kleinen Stadt im Geschäft beim Gesellen zu melden — pünktlich, sauber, höflich, ausgeruht und arbeitsbereit.

Während er den Berg hinunterhetzte bis zur Biegung, von der aus ihn der Busfahrer sehen konnte, hämmerte der Satz in seinem Kopf: Wannst morgen wieder zu spät bist, brauchst gar nicht erst kommen. Möglicherweise machte der Geselle tatsächlich ernst und sagte dem Chef Bescheid. Wenn ich heute zu spät komme, dachte Jurko, geschieht es in dieser Woche zum dritten Mal. In der vergangenen war es zweimal passiert. Lehrstellen gab es in dieser Gegend wenige, für Installateure war es überhaupt schwierig, unterzukommen. Mußt dankbar sein, hatte die Mutter gesagt, daß dich genommen haben, gibt für jeden freien Platz mindestens zehn Anwärter. Wenn man ihn hinauswarf, konnte er nur mehr Hilfsarbeiter werden, den Hof bekam schließlich der ältere Bruder, und dann . . . und überhaupt . . .

Jurko lief, bis die Lungen zu stechen begannen. Manchmal wartete der Busfahrer auf ihn. Er stieg aus und tat, als überprüfe er die Reifen, trödelte. Natürlich konnte er das nicht allzu lange tun.

Vielleicht geht es sich doch aus, dachte Jurko, aber als er die Straßenbiegung über der Haltestelle erreichte, sah er nur noch das Heck des davonfahrenden Autobusses. Er hatte ihn tatsächlich versäumt.

Es gab noch eine andere Fahrmöglichkeit — mit der Bahn, nur bedeutete die achtundreißig Minuten Verspätung. Jurko setzte sich keuchend ins Gras und warf kleine Steine über die Straße. Zahlte sich das noch aus? Und wenn der Geselle ernst machte? Und wenn der Lehrvertrag gekündigt wurde?

Brauchst bloß pünktlich sein und a bißl wollen. Wird eh net viel von dir verlangt. — Was wußten die anderen davon, wie schwer das war, jetzt, wo der große Bruder beim Bundesheer diente. Jetzt, wo sich der Vater den Arm gebrochen hatte. Jetzt, wo so viel Arbeit liegen blieb. — Wenn er die Lehrstelle verlor, war es aus mit dem Leben, von dem er immer geträumt hatte: nicht so leben müssen wie der Vater und die älteren Geschwister. Jurko stand auf und trottete den Weg zum Bahnhof. Was blieb ihm anderes übrig. Eine schlechte Chance war noch immer besser als gar keine.

Im Geschäft empfing ihn der Geselle mit dem Satz: „Weißt noch, was ich dir gestern gsagt hab?" Jurko preßte die Lippen aufeinander und starrte zum Fenster hinaus. Von diesem Platz aus konnte er eigentlich nur die Bude des Holz- und Kohlenverkäufers sehen, sonst nichts. Der blaue Sommerhimmel war irgendwo. Vielleicht gut, wenn man ihn jetzt hinauswarf, dann hatte er es hinter sich. Im Winter würde er es auf gar keinen Fall schaffen — um vier spätestens aufstehen und dann den Berg hinunter durch den Schnee. Daran hatte er noch gar nicht gedacht.

„I geh eh schon", sagte Jurko. Er ging zu seinem Spind und begann ihn auszuräumen.

„Na, du machst dir das leicht", sagte die Putzfrau kopfschüttelnd, als sie ihn packen sah. „Aber so seids es Jungen. Kana will was aus sich machn. Nua net plagn. Schau dich an, wie blaß d'bist. Net ausgschlafn, wie? Und bei der Arbeit zwa Linke. Der Herr hat wohl schon sei Freundin. Mit dea muß ma natürlich umadumfliegn auf d' Nacht."

Halts Maul, dachte Jurko. Und dann: Das sagt sie jetzt, weil ich statt ihrem Enkel die Lehrstelle bekommen habe. Er richtete sich auf und starrte sie an, bis sie in den Verkaufsraum ging, dann erst packte er weiter.

Der Geselle blickte auf den gebeugten Rücken. Packt der Kerl und geht lieber, statt daß er sich zusammennimmt. Statt daß er das bißchen Pünktlichkeit und Verläßlichkeit aufbringt, das man bei der Arbeit einfach braucht. Jurko Dimidrević also. Seine Familie hatte es schwer, zu leben, mit dem Geld auszukommen, mit den Nachbarn zu reden, dem Gendarmen, dem Lehrer. Immer neigte alle Welt dazu, auf sie herabzuschauen. Sieben Kinder und der kleine Bauernhof auf dem Berg. Wer wenig Geld hat, hat wenig Ansehen. Wer nicht gut reden kann, hat gar keine Stimme im Dorf, und in einer Sprache, die nicht die Muttersprache ist, kann er wahrscheinlich nichts erklären.

Wenn ein Mensch wenig zu reden hat, dachte der Geselle, verlernt er es womöglich ganz, oder er lernt es erst gar nicht.

„Was willst du machen?“ fragte er den Lehrling.

Jurko zuckte mit den Achseln. Wenn er das wüßte.

„Hast eine andere Lehrstelle in Aussicht?“

„Nein.“

„Gehst in die Fabrik?“

„Nein.“

„Was dann?“

Was dann, was dann. Ich weiß es nicht. Jurko lehnte sich an den Spind. Er wollte fort, sonst nichts. Irgendwohin, egal wohin, wenn es nur weit fort war. Rasch. Er bückte sich nach seiner Tasche. „Ich schaff's halt nicht.“ sagte er.

„Wieso nicht“, fragte der Geselle. „Das gibt's doch nicht. Um halb sechs stehst auf, dann bist um halb sieben beim Autobus, das geht sich bequem aus.“

„Ich bin seit vier Uhr . . .“ Jurko brach ab. Er wollte nicht erklären, nicht rechtfertigen müssen, überhaupt so hundeelend, wie er sich im Augenblick fühlte. Er wußte schon, daß es vernünftiger gewesen wäre, jetzt mit dem Gesellen zu reden, sich zu entschuldigen, aber er brachte es einfach nicht fertig. Vielleicht, wenn alle miteinander nicht so viel Dankbarkeit von ihm verlangt hätten, wenn es nicht so als Gnade hingestellt worden wäre, daß er diese Lehrstelle erhalten hatte, wenn er sich nicht so ersetzbar vorgekommen wäre, vielleicht hätte er dann . . . Konnte man mit Erwachsenen überhaupt reden?

Er dachte an die Mutter, die überall herumerzählt hatte: Unser Jurko wird kein Hilfsarbeiter oder andere Leute bedienen. Unser Jurko hat Pläne. Der wird etwas aus sich machen. Mehr, als wir sind. Jetzt würde er also Hilfsarbeiter werden, wie die meisten in dieser Gegend, wenn sie nicht gerade Kellner wurden.

„Der Vater hat sich den Arm gebrochen", brüllte er plötzlich los, „der Bruder ist beim Bundesheer, ich muß in der Früh den Stall richten. Aber alles, was interessiert, ist Pünktlich-Sein. Ich bin keine Maschin."

„Schrei net mit mir", brüllte der Geselle zurück. Dann drehte er sich um und sah zum Fenster hinaus. Dabei massierte er die linke Hand mit der rechten. Diese Bewegung kannte Jurko. Der Geselle machte sie immer, wenn er ein Problem zu lösen hatte.

Eine Weile schwiegen sie, und nichts geschah. Jurko wandte sich zum Gehen. Er war ratlos und müde wie sonst nur am Abend.

Der Geselle drehte sich zum ihm hin. „Damischer Depp, du. Was redest denn nix, was sagst denn net gleich, was los ist. Auspackn. Na los schon. Und dann umziehn. Gibt viel zum Tun."

Jurko rührte sich nicht. „Und morgen? Und übermorgen?"

Der Geselle nahm ihn am Arm. „Der Chef weiß doch von nichts. Der verlangt nur, daß wir mit der Arbeit zurechtkommen. Wie, ist ihm Wurscht. Ich red mit ihm. Vielleicht kannst später anfangen und hörst dafür später auf. Gleitende Arbeitszeit, na?"

„Das geht?"

„Wird schon. Mund aufmachn muß ma halt rechtzeitig."

Mund aufmachen. Jurko zog sich schweigend um. Reden. Wenn das so einfach wäre. Er beugte sich über den Werkzeugkasten und überprüfte ihn.

„Ich weiß", sagte der Geselle später, mitten unter der Reparatur eines Warmwasserspeichers: „Ist schwer, was zu sagn, wenn ma an Stolz hat. Aber wie soll ein anderer Mensch sonst verstehn?"

Friedl Hofbauer Aus: Eine Liebe ohne Antwort

Die Trockenhauben surrten, das Wasser rauschte, Parfümduft und Duft von Puder und Haar schwebten in der Luft. In himmelblauen Hosen und rosa Pullover stand Bienchen vor ihrem neuen Dienstgeber.

„Sie möchten heute schon anfangen?" fragte Herr Fiedler. „Haben wir nicht erst für Dienstag vereinbart?"

Bienchen lächelte.

„Na, schön. Kommen Sie bitte nach hinten. Meine Frau wird Ihnen einen Mantel geben. Und die Gigi soll Sie frisieren, wenn sie Zeit hat. Was werden wir ihr für eine Frisur machen?" Er betrachtete Bienchen kritisch. Ihre Frisur war offen und doch nicht offen, frisiert und doch nicht frisiert. In allen Boxen standen Mädchen mit geschweiften, toupierten, hochgekämmten, kunstvoll zerzausten, geschmeidig geschwungenen Haaren.

„Die Haar' laß ich mir aber nicht abschneiden", sagte Bienchen.

Er schmunzelte.

Eine rundliche Dame in dunkelgrünem Mantel — die Mädchen waren alle hellgrün angezogen — kam hinter einem geblumten Vorhang hervor.

„Schau, das ist unsere Neue", sagte er. „Sie will sich die Haare nicht abschneiden lassen."

„Vielleicht hat sie recht", sagte Frau Fiedler und betrachtete das Mädchen. „Wie heißen Sie?"

„Stach", sagte Bienchen steif.

„Nein, mit dem Vornamen."

„Sabine."

„Sabine, schön! Sabine haben wir noch keine. Ich werd' Sie dann gleich den anderen Mädeln vorstellen, Sabine. Und dem Georg. Das ist unser Jüngster. Georg, komm her!"

Georg kam, zart, flink, rot im Gesicht, machte eine hastige Verbeugung vor Bienchen und verschwand eilig. Frau Fiedler lächelte.

„Sie haben schon als Friseurin gearbeitet?“ fragte sie.

„Ja. Ein halbes Jahr.“

„Und warum sind Sie weggegangen?“ Sie zog Bienchen hinter den Vorhang und gab ihr einen von den hellgrünen Mänteln.

Der Mantel roch nach Shampoon und Cremes und hatte einen kleinen dunkelroten Farbspritzer vom Haarfärben.

Frau Fiedler fragte nicht weiter, warum Bienchen von ihrem ersten Meister weggegangen war.

Etwas klingelte, und Bienchen lief zu der Trockenhaube, bei der die Zeit abgelaufen war, schaltete sie neu ein, rückte der Dame das Handtuch um die Schultern zurecht, schaute kritisch auf den Temperaturregler und blieb dann mitten im Weg stehen.

„Sabine? Können Sie kopfwaschen?“

Das war kein Befehl. Das war eine höfliche Frage. Das heißt, es war natürlich auch keine höfliche Frage. Es hieß nicht, ob sie es konnte, sondern ob sie bereit war, ob sie nicht etwas anderes, Wichtigeres zu tun hatte. Sie hätte sagen können: Im Augenblick nicht! Sie konnte entscheiden, ob die Dame zehn Minuten länger unter der Trockenhaube sitzen mußte. Momentan hatte Bienchen nichts zu tun, und sie rief: „Ja, ich komme!“

Es war alles wunderbar.

Es war wunderbar, den Schaum unter den Händen sich aufblähen zu sehen und die Kundin davor zu behüten, daß ihr die Seife in die Augen rann. Wenn einem eine Kundschaft zuwider war, ließ man das eine oder andere Seifenbächlein laufen, in den Hals hinunter, ins Ohr, in besonderen Fällen ins Auge, sagte zerknirscht: „Oh, entschuldigen!“ und wischte eilfertig die Seife weg.

Frau Fiedler kam näher, schaute Bienchen auf die Hände und ging wieder. Sabine wusch, ließ sich von der Dame berichten, daß sie übermorgen eine Party habe und in vierzehn Tagen ins Gesäuse fahre und daß Bienchen ein liebes Kind sei.

„Das Gesäuse ist sehr schön“, sagte Bienchen höflich und

wischte den Schaum von der Augenbraue der Dame fort. Dann schwemmte sie kunstgerecht die Seife hinters Ohr, schlug das Handtuch wie einen Turban über den nassen Kopf und verschwand mit einem Dankeschön in Richtung Vorhang.

„Sie müssen mehr mit den Fingerspitzen massieren", sagte Frau Fiedler und kam hinter dem Vorhang hervor. „Schauen S' nicht so bös, Kinderl, das ist sehr wichtig, mit den Fingerbeeren, nicht mit den Nägeln. Und den Waschapparat, den müssen Sie auch wegstellen."

„Ja", sagte Bienchen. Es war schon ein bißchen weniger wunderbar, sondern eher zum Heulen, aber dann vertiefte Bienchen sich in die Art, wie eine Kollegin das Haar aufwickelte.

„Geht das seitlich zurück?" fragte Bienchen.

Gigi legte den Finger auf die Lippen, machte eine Handbewegung, die „später" hieß, und dann wurde Bienchen zu einer neuen Kopfwäsche gebeten.

Wieder wuchs der Schaum, wieder liefen die Bächlein. Sabine massierte kräftiger und mit den Fingerbeeren. Sie spülte und schwemmte und besprach mit der Dame das Wetter von gestern und ein Armband mit drei Anhängern. Bienchen fand es reizend und dachte, daß es der Dame passe wie Ohrringe einer Kuh. Abschwemmen, Turban, danke sehr. Nächste Kopfwäsche. Eine Erblondete, die man würde nachbleichen müssen. Schaum, Bäche: „Geben Sie doch acht, Fräulein!" — „Oh, entschuldigen Sie", sagte Bienchen. Die Dame fuhr nirgends hin. Sie las Zeitung. In der Zeitung gab es Witze. Bienchen las mit, und das Bächlein lief.

„Frau Fiedler! Warum schicken Sie mir eine Anfängerin!"

Frau Fiedler kam nicht gleich gerannt, und Bienchen mußte weiterwaschen, während die Kundschaft sie böse aus dem Spiegel betrachtete, ob sie auch reuig genug aussah.

Bienchen sah reuig genug aus. Sie war tödlich verletzt. Sie hätte der Dame am liebsten den ganzen Schaum übers Gesicht gespült, aber sie beherrschte sich und strich ihn ihr nur in die Ohren. Dann kam Frau Fiedler, und die Dame erklärte jammernd, was geschehen war.

„Gehen Sie nur, Sabine", sagte Frau Fiedler, „ich mach' die Dame schon fertig." Sabine ging und sah, wie Frau Fiedler persönlich die aufgebrachte Kundschaft besänftigte.

„Bei der müssen Sie achtgeben!" sagte der Knirps Georg. „Der paßt nie etwas!" Es war schon ein Trost, aber er hätte Bienchen wohler getan, wäre er nicht vom jüngsten Lehrbuben gekommen, der wahrscheinlich überhaupt noch nicht Kopfwaschen konnte.

„Sabine, nehmen Sie dort die Wickler ab", sagte Herr Fiedler, und Sabine wußte nicht, ob das eine Verbannung vom Kopfwaschen, eine Degradierung oder etwas dergleichen war, aber sie bemühte sich, die Wickler zu lösen, ohne die Dame an den Haaren zu reißen.

„Sie sind noch nicht ganz trocken", sagte Sabine und schob die Haube wieder über den Kopf der Dame. So, wenigstens etwas.

Als die Blonde unter der Haube saß, mußte Sabine wieder Köpfe säubern, Schaum, massieren, nochmals Schaum, spülen, achtgeben, Italien, Föhn, mein Gatte, Blutdruck, haben Sie den Film auch gesehen? Aber Sie sind doch wahrscheinlich noch zu jung? Wie alt sind Sie? Bienchen gestand ihr Alter mit einigen Monaten Zugabe. Schaum, spülen, Fingerbeeren, sie brannten schon.

Das Lockenwickeln war eine Erlösung. Das Aufkehren der Haare war ein Vergnügen. Übrigens tat es auch Gigi. Und die galt etwas hier.

„Müde?"

Bienchen lächelte kläglich.

„Setzen Sie sich ein bißchen. Haben Sie nichts zum Essen mit?"

Ach so, es war erst Mittag. Sie arbeiteten durch, aber mittags verschwanden immer etliche Angestellte hinter dem Vorhang und wärmten sich ihr Essen auf dem Kocher. Georg vertilgte eine Knackwurst und hatte einen ganzen Becher Senf danebenstehen.

Dann ging es weiter. Kopfwaschen, Lockenwickler ausdrehen,

Hauben stellen, Kunden in den Mantel helfen. Das Trinkgeld klimperte schon in der Tasche. Bienchen verschwand hinter dem Vorhang, um die Münzen in ihrer Börse zu verstauen. Dann war im Mantelsack Platz für neue Münzen, und es lärmte nicht so, als wäre schon viel darin. Trinkgeld darf nicht klingeln, das ist unfein.

Hannelore Bürstmayr

Erster Tag

Ich mach mir eine Eierspeis aus zwei Eiern und schmiere die Butter dick aufs Brot. Es riecht kräftig nach Kaffee. Die Mutter hat das schöne Geschirr aufgedeckt.

„Mußt rechtzeitig weggehen!" sagte sie. „Damit du nicht zu spät kommst!"

„Nur keine Hektik!"

Die Eierspeis wird mir vielleicht im Magen liegen. Ich habe keinen besonderen Appetit.

„Nimm dich zusammen!" sagte der Vater. „Darfst mich nicht blamieren und schon gar nicht den Willi."

Den Posten in der Bank hätte ich nicht bekommen, wenn nicht der Onkel Willi den Dr. Kastenhuber kennen tät, vom Segeln am Neusiedlersee. Der Vater kann sich so einen teuren Sport nicht leisten, aber der Willi. Der hat's zu was gebracht. Deswegen kann ich jetzt in der Weghuber-Bank anfangen, am 1. August, gerade fünf Wochen nach der Matura.

Bei der Vorstellung habe ich nicht einmal einen Probetext schreiben müssen. Der Kastenhuber wollte nur das Zeugnis sehen. Dann ist er mit mir zum Personalchef gegangen. Das war alles. „Hast halt Beziehungen!" hat der Vater gesagt.

Vor dem Probeschreiben hätte ich Angst gehabt, weil ich mich immer vertippe, wenn ich nervös bin. Rechtschreibfehler mach ich auch, außerdem.

„Sie werden viel Maschinschreiben müssen!" hat der Dr. Kastenhuber gesagt. „Das ist ziemlich anstrengend, Fräulein H. Aber wir sind eine nette Abteilung."

„Geh jetzt endlich! Besser zu früh als zu spät!"

„Zu früh? — Das schaut doch blöd aus!"

Auf der Schwedenbrücke stauen sich die Autos. Zu Fuß bin ich schneller. Das freut mich, und ich renne, um die Ampel noch bei Grün zu erwischen. Auf diese Tour komm' ich vor der Zeit in die Seilergasse. Um 7.30 Uhr ist Arbeitsbeginn — ich will nicht lange warten müssen und mich anstarren lassen von den künftigen Kollegen. Also ersten Gang einlegen!

Drei Minuten vor halb acht bin ich beim Eingang. Zwei blitzende Glastafeln mit Messingknöpfen. Ich drücke mit der Hand gegen das Glas. „Deswegen haben wir's ja geputzt, Fräulein!" sagt der Portier. Meine Finger hinterlassen häßliche Abdrücke, und ich geniere mich.

„Wo wollen S' denn hin?"

„Zum Herrn Direktor Kastenhuber!"

„Dritter Stock. Der Lift ist gleich rechts."

Das weiß ich schon vom Vorstellen.

Durch die Flügeltür geht's zum Kastenhuber. Zuerst in sein Vorzimmer, in dem drei oder vier Schreibtische stehen. Da muß ich jetzt rein. Ich klopfe und drücke fast gleichzeitig die Schnalle, damit es nicht schüchtern aussieht. Ich weiß nämlich nicht, ob man überhaupt anklopfen soll oder ob es besser wäre, einfach reinzugehen. Das Zimmer scheint mit Leuten voll zu sein. Dann sind es aber doch nur vier: drei Frauen und ein Mann. An den Mann kann ich mich noch erinnern. Er sagt: „Aha, guten Morgen! Wenn Sie bitte ein bißchen warten wollen", und zeigt auf einen Sessel neben der Tür. Ich setze mich, die Knie eng beisammen, die Beine schön parallel. So sieht's damenhaft aus und arbeitsam, kommt mir vor. Ich habe einen Rock angezogen. „Eine Jean am ersten Tag! Wie schaut denn das aus!" hat die Mutter gesagt.

Der Raum hat Vormittagssonne. Es ist schon heiß. Die Rollos sind heruntergelassen. Sie wehen im Wind, wenn jemand die Türe aufmacht. Trotzdem ist es stickig. Es riecht nach Menschen. Ich möchte hier nicht arbeiten müssen.

Dr. Kastenhuber kommt aus seinem Büro. Er ist sehr freundlich, scheint es aber eilig zu haben. Das Sakko trägt er offen, die Krawatte auf Halbmast.

„Guten Morgen, Fräulein H. Das ist schön. Darf ich Sie gleich mit einigen Ihrer Kollegen bekanntmachen. Das ist der Herr Sowieso, die Frau Sowieso. Das Fräulein . . ."

Mein Gott, ich kann mir die Namen nicht merken. Der nächste Raum: kollegiales Kopfnicken und Händedrücken. Ich lächle pausenlos und komme mir blöd vor. Die vielen neuen Gesichter verwirren mich, vor allem, weil ich sie mir einprägen möchte.

Dr. Kastenhuber eilt durch einen schmalen Gang. Er faßt so heftig nach einer Türe, daß sie auffliegt. Ein großer Raum mit drei Schreibtischen, einer davon ist noch leer. Zwei junge Frauen schauen mich neugierig an.

„Das ist Ihre neue Kollegin, Fräulein H. — Fräulein Weber, Frau Ritter!" Der Chef durchpflügt den Raum und entschwindet durch eine Seitentür. Ich bleibe in seinem Schlepptau.

„Unser lieber Herr Marischka und der Herr Bauminger. Sie werden mit diesen beiden Herren zusammenarbeiten. Sie beide kontrollieren die bearbeiteten Kreditansuchen."

Der „liebe Herr Marischka" ist weißhaarig und klein. Nun wird er hochgelobt. Selbst nach drei Herzinfarkten habe er sich bereit erklärt, dem Betrieb noch weiterzudienen. „Machen S' nicht zu viel Fehler, damit er sich nicht aufregen muß." Es darf gelacht werden. Der Bauminger ist ein schöner Mann, der mich gönnerhaft betrachtet. Genau der Typ, den ich nicht ausstehen kann.

„So, das wär's gewesen. Die beiden Damen werden Sie nun näher in die Arbeit einführen." Die Tür fällt ins Schloß. Ich drücke zuerst der Frau Ritter, dann dem Fräulein Weber die Hand. Die Ritterin schaut durch mich durch. Die Weber gefällt mir gut, sie schaut lustig aus mit einem Kopf voller roter Schneckerl.

„Das ist mein Schreibtisch", sagte ich. Was andres fällt mir nicht ein. Ich setze mich fürs erste und betrachte das grüngraue Plastik, das die Platte schonen soll.

„Na, wie gefällt's Ihnen bei uns?" sagt die Ritter.

„Danke, gut!"

„Werden Sie mit dem Lackner auskommen?"

„Wer ist das? Ich hab mir die Namen nicht gemerkt."

„Der Pomadisierte im Vorzimmer vom Chef. Na, Sie werden

ihn schon kennenlernen." Ist das die Einführung ins Betriebsklima?

Ich hätte gern was zu tun. „Da, lesen S' das!" Frau Ritter schiebt mir ein paar Formulare zu. Ich lese: Kredithöhe — Begründung des Antrages — Art des Betriebes — Art der Sicherstellung — Anzahl der Rückzahlungsraten usw. usw. Dazwischen Kleingedrucktes und Freiräume, die ich später mit Maschingeschriebenem füllen soll. Dazu ein Begleitbrief, auch mit Freiräumen. „Sehr geehrter Herr . . ."

„Schaun Sie sich das nur gründlich an. Am Nachmittag kriegen Sie dann einen Akt."

Die beiden Damen hämmern in ihre Maschinen. Die Peinlichkeit des Untätigseins macht mich ganz kribbelig. Die Formulare kann ich schon auswendig. Endlich wird es Mittag.

Der Betrieb führt eine eigene Kantine. Das Essen wird verbilligt abgegeben. So etwas nennt man freiwillige Sozialleistung. Dr. Kastenhuber hat bei meiner Vorstellung auf diesen Vorteil besonders hingewiesen. Das Fräulein Weber nimmt mich mit, während Frau Ritter Zimmer und Telephon bewacht. Wir setzen uns zu irgendwem. Gespräch kommt keines auf. Neben dem Marischka, zwei Tische vor uns, sitzt ein dicklicher junger Mann und bohrt mit einer Büroklammer im Ohr. „Das ist sein Schwiegersohn", sagt die Weber und schüttelt den Kopf. „Die Tochter hat auch einen Geschmack!" Sie sagt, daß der Dicke nicht sehr beliebt ist. Einführung ins Betriebsklima? Die Weber heißt übrigens Elisabeth, wird aber Elli gerufen. Die Frau Ritter heißt Susi. Es sagen aber alle „Frau Ritter" zu ihr.

Neben der Kantine gibt es ein Stehcafé. Der Kaffee ist für die Angestellten extra billig. Wir gehen schnell auf einen kleinen Braunen, was der Frau Ritter gegenüber nicht ganz fair ist, weil sie warten muß, bis wir zurückkommen. Das Café ist aber trotzdem eine gute Einrichtung. Es fördert die zwischenmenschlichen Kontakte, wenn man so nebeneinander lehnt. Der Bauminger lehnt neben mir und neben ihm eine junge Dame. „Das ist meine neue Sekretärin!" stellt er mich vor. „Meine Frau." Ich möchte ihn am liebsten ohrfeigen, weil ich nämlich gar nicht seine Sekretärin bin. Er wird nur die Formulare lesen, die ich ausfüllen soll.

Elli Weber sitzt neben mir und geht mir bei der Bearbeitung meines allerersten Aktes an die Hand. Ich bemühe mich, fehlerfrei zu tippen, und bringe dann den Akt und die ausgefüllten Formulare voller Stolz dem Marischka. Ein paar Minuten später kommt der Marischka aus seinem Kammerl, weil ich zwei Fehler gemacht habe. „Das gehört dazu!" sagt die Elli. „Ohne unsre Fehler tät er einschlafen, der Alte." Aber ich weiß trotzdem genau, daß ich diese Türe fürchten werde, wenn der Marischka sie aufmacht. Wenn ich mir's aussuchen kann, werde ich dem Bauminger keinen Akt zum Kontrollieren geben. Der soll meinetwegen vertrocknen. Von dem möcht' ich mich nicht ausbessern lassen.

Die Frau Ritter legt beide Arme auf die Schreibmaschine und das Kinn auf ihre Hände und sagt: „Ist das ein spannendes Leben?"

„Sind Sie schon lang in dieser Abteilung?"

„Eine Ewigkeit — fünf Jahre. Und immer der gleiche Trott. Als Frau hat man wenig Aufstiegschancen. Es gibt nicht viele interessante Jobs, und die paar sind mit Männern besetzt. Mit dem Lackner zum Beispiel."

„Der Lackner ist Ihnen ein Dorn im Aug."

„Na klar, der ist zwei Jahre nach mir gekommen. Aber ich füll' noch immer Formulare aus."

„Das ist öd."

„Öd, naja", sagt die Elli, „am ersten Tag schaut's vielleicht so aus. Aber man g'wöhnt sich dran. Manchmal gibt's auch eine Hetz. Man muß es sich nur richten und nicht blöd anecken. In der Früh zum Beispiel, da müssen S' unbedingt pünktlich sein. Der Kastenhuber rennt um halb acht durch alle Zimmer. Frisieren können Sie sich nachher in der Teeküche. Um halb 5 Uhr müssen S' weg sein und vorher den Schreibtisch abräumen, sonst wird die Bedienerin fuchtig."

„Nur der Bauminger bleibt manchmal ein bißl länger da", sagt die Ritter, „der hat nämlich ein Außentelephon am Tisch." Und sie lächelt wissend.

Die Elli Weber wohnt auch im 2. Bezirk. Wir haben ein Stück gleichen Weg und gehen zum Einstand ein Eis essen. Ich sage: „Ich bin froh, daß ich bei Ihnen sitz."

„Das Zimmer ist prima!" sagt die Elli. „Weil es nordseitig ist und weit vom Schuß. Und die Ritter dürfen S' nicht ganz ernst nehmen. Die ist halt bissig, aber wenn's drauf ankommt, ein lieber Kerl. Sie ist ziemlich übermacht. Sie hat ein Kind mit zwei Jahren, das ist tagsüber bei ihrer Mutter. Der Marischka ist harmlos, und der Bauminger, naja. Aber den können S' vergessen, der wird sicher nicht lang im Kammerl sitzen, der wird hinauffallen. Weil er genau weiß, was er will, und sicher nie in Karenzurlaub geht."

Die Mutter hat zum Abendessen Schinken gekauft und Salat gemacht mit harten Eiern. „Magst ein Cola?" fragt sie. Sonst sagt sie immer „Das Zeug ist nur ung'sund!" Es ist direkt festlich.

„Der erste Arbeitstag! Wie war's denn?"

„Kann nicht viel sagen. Aber ich hab eine nette Kollegin."

Vera Ferra-Mikura Fredi unter dem Heftpflaster

„Entschuldige, normal ist das nicht!" sagt Frau Kastner zu ihrem Mann. „Da kann mehr dahinterstecken. Und so blaß ist sie auch immer."

„Was ist heutzutage schon normal bei den Jungen", sagt Herr Kastner, der Chef der kleinen Firma.

Nach Geschäftsschluß will er seine Ruhe haben. Ewig dieses Weibergetratsch, denkt er, was soll mit der Sonja schon los sein? Ihre Arbeit macht sie. In der Schule sind sie auch nicht unzufrieden mit ihr. Auf einer müssen sie eben herumhacken, und ein Fehler läßt sich an jeder finden.

„Muß man da nicht an etwas Besonderes denken?" Frau Kastner schaut ihn plötzlich durchbohrend an.

„Hör auf, mach mich nicht auch noch verrückt", sagt er und putzt den Gulaschsaft von seinem Teller.

„Im Reindel ist noch ein Schöpfer voll", sagt Frau Kastner.

Er legt die Hände an seinen Bauch. „Mir reicht's, danke!"

Sie nickt. Und dann sagt sie mit Betonung: „Rauschgift!"

„Was? Erlaube —! Doch nicht die Sonja!"

„Wieso nicht die Sonja? Der trau' ich so manches zu. Immer steht ein anderer drüben in der Passage. Und die Schmuserei vor allen Leuten. Auf offener Straße!"

Frau Kastner befeuchtet ihren Zeigefinger und tupft eine Brotkrume vom Tischtuch. „Ich kann dir noch mehr sagen. Vor einem halben Jahr, im Waschraum, hat die Brigitte das Pflaster zufällig gesehen. Jetzt tragen die anderen längst kurze Ärmel. Nur die Sonja nicht. Weil sie das Pflaster unter dem Ärmel versteckt, warum denn sonst?"

„Steht vielleicht im Lehrvertrag, daß wir die Arme der Lehrlinge kontrollieren sollen? Na also! Fehlanzeige!"

„Die andern rennen in der Mittagspause ins Schwimmbad hinüber. Nur die Sonja nicht. Ins finstere Magazin setzt sie sich. Mit dem blöden Cassetten-Recorder. Mit Kopfhörern."

„Menschenskind, was noch?" ächzt Herr Kastner.

Er schenkt Bier nach. Der Schaum rinnt über die Gläser.

„Wirklich, du lernst es nie", sagt Frau Kastner. „Und morgen, wenn die anderen im Bad sind, rede ich mit ihr."

Am nächsten Tag ruft sie Sonja ins Büro.

Sonja kommt lässig herein, lehnt sich an den Türpfosten. An der Chefin vorbei schaut sie zum Fenster.

Frau Kastner klickt mit dem Kugelschreiber. Grüne Augendeckel, registriert sie, Glitzerpunkte an der Wange wie im Fasching.

Sie bemüht sich, ihrer Stimme einen freundlichen Klang zu geben.

„Kannst dich ruhig hersetzen zu mir, Sonja."

„Ist was?" fragt Sonja. „Ich hab' Pause."

Sie setzt sich nicht.

„Schau, ich mach' mir Sorgen um dich."

Sekundenlang wartet sie auf eine Reaktion. Es kommt keine.

„Sonja — glaubst du, daß ich's nicht ehrlich meine mit dir?"

Sonja schiebt die Unterlippe vor.

„Hat die Hanni getratscht, aha. Aber der Kupferdraht, den ich genommen hab, ist schon im Abfallkübel gelegen."

„Davon weiß ich nichts", sagt Frau Kastner. Sie rollt den Kugelschreiber weg. Flüchtig berührt sie die Brosche an ihrem Kleid. Dann sagt sie unvermittelt: „Was ist mit deinem Arm? Mit dem ist doch etwas, nicht? Du scheinst ja nicht in den besten Kreisen zu verkehren — oder? Zuerst macht man es aus Neugier, bis es zur Gewohnheit wird. Du weißt, wovon ich rede. Rauschgift. Und ob du dir sowas spritzt! Davon rede ich."

„Ich bin doch nicht blöd", sagt Sonja.

Frau Kastner atmet sichtlich auf. „Gott sei Dank! Ja, ich glaub' es dir — ich will es dir gern glauben."

„Was mit meinem Arm los ist, geht keinen etwas an", sagt Sonja.

„Ist schon gut, Kind", sagt Frau Kastner, „es war ja nur die eine Sorge."

„Danke!" sagt Sonja.

Sie geht zur Tür zurück, dreht sich zögernd um.

Ein kleines Lächeln huscht über ihr Gesicht.

„Wenn Sie es nicht weitersagen — Sie dürfen es wissen. Ich hab' auf dem Arm ein Herz eintätowiert. Mit dem Namen Fredi in der Mitte. Nur ist's mit dem Fredi längst aus. Und das Wegoperieren tut weh, sagen die andern. Sehr teuer soll es auch sein."

„Aha", sagt Frau Kastner und hüstelt. „Über das Geld könnten wir ja reden miteinander. Denke ich wenigstens."

Sonja pendelt mit dem Bein, schaut im Büro herum, greift nach der Türklinke.

„Und der Draht ist wirklich schon im Abfallkübel gelegen", sagt sie, bevor sie hinausrennt.

Renate Welsh Trotzdem: Guten Abend!

Ein Lieferwagen verstellte die Einfahrt zum Friedhof. Auf der Straße gab es keine freien Parkplätze. Lothar ließ Roller und Tim aussteigen und machte sich auf die Suche nach dem Fahrer des Lieferwagens.

Es wäre Tim lieber gewesen, mit Lothar hineinzugehen. Aber wenn er Glück hatte, saß der Chef im Büro, und er konnte sich rasch umziehen und an die Arbeit gehen.

Er öffnete die Tür. Der Chef stand in der Werkstatt. „Schon zurück vom Ausflug? Muß ja sehr gemütlich gewesen sein, wenn ihr erst jetzt daherkommt."

Roller ging wortlos an ihm vorbei in den Waschraum.

„Der Friedhof ist weit draußen, und es war viel Verkehr." Tim ärgerte sich, weil seine Stimme unsicher klang.

Roller kam aus dem Waschraum zurück. Er knotete die Schnur seiner Arbeitshose, wischte sich die Hände an den Oberschenkeln ab und musterte den Chef. Der bekam eine Zornfalte auf der Stirn. Erwin, der neue Lehrling, schleppte einen großen Werkzeugkoffer herein. Als er ihn absetzte, klirrte es.

Der Chef stürzte zu ihm hin, riß den Deckel auf und begann zu brüllen. Jedes Stück, das beschädigt sei, werde er ihm vom Lohn abziehen. Erwin bekam einen roten Kopf.

Wieder wurde die Tür aufgerissen. Peter stolperte inmitten einer riesigen Schlauchrolle herein, hinter ihm kam Feichtinger.

„Mahlzeit!"

„Sehr richtig! Jetzt ist glücklich Mittagspause und nichts geschehen. Ich möchte nur wissen, wovon ich die Steuern zahlen soll."

Der Chef ging in sein Büro. Die Tür knallte zu. Peter legte die Schlauchrolle auf den Boden. Der Draht löste sich, der Schlauch zuckte über den Beton wie etwas Lebendiges.

Roller schüttelte den Kopf. „Beim Alten hätte es das nicht gegeben. Der hat's nicht notwendig gehabt, den Chef hervorzukehren."
Feichtinger nickte. Tim wußte, daß jetzt gleich die Geschichte kommen mußte, wie er in seiner ersten Arbeitswoche dem damals siebenjährigen Chef den Hintern versohlt hatte, weil er einen Draht in den Starkstromstecker schieben wollte. Und dann würde Roller sagen: „Auch nicht leicht, Chef von einem zu sein, der einem den Hintern versohlt hat."

Tim ging in den Waschraum und zog sich um.

Walters Overall hing noch an seinem Haken. Darüber hing in einem Netz die Blechdose, in der er immer sein Essen mitgebracht hatte.

Eigentlich müßte man sie ausräumen. Walter war vor zehn Tagen am Vormittag aus der Firma ins Krankenhaus gefahren worden. Hinterher hatten alle gesagt, es sei ihnen schon immer aufgefallen, wie klein seine Pupillen geworden waren und wie gelb seine Haut und das Weiße in den Augen.

Das Zeug in der Dose fing sicher bald an zu stinken.

Tim streckte die Hand aus, um das Netz vom Haken zu nehmen, blieb in der Bewegung stecken, fuhr sich durch die Haare und ging ins Klosett. Walters Monogramm war in die Tür eingeritzt, sogar zweimal. Ein ganzes Jahr lang hatten sie in derselben Firma gearbeitet. Nebeneinander, nicht miteinander.

Walters Mutter hatte gar nicht geweint. Ihre Augen waren rot und verquollen und ihre Wangen voll von unregelmäßigen roten Flecken, aber geweint hatte sie nicht. Die Großmutter und die Schwester hatten geweint. Sie, die Mutter, hatte nur jeden, der auf dem Weg vom Grab an ihr vorbeikam, gemustert. Tim hatte sich unbehaglich gefühlt unter ihrem Blick. Als er ihr die Hand gab, war ihm ihre Hand vorgekommen wie etwas Totes. Er hatte sich gerade noch rechtzeitig davor zurückgehalten, seine Hand an der Hose abzuwischen.

Der peinliche Augenblick, als er das Trinkgeld für den Totengräber nicht in der Tasche fand. Der Totengräber mit der aufgehaltenen Hand. Und das Gefühl, daß ihn alle anstarrten.

Wahrscheinlich hatte es ohnehin keiner bemerkt. Die meisten waren nur mit sich selbst beschäftigt, denen fiel fast gar nichts auf. Trotzdem überfluteten ihn immer wieder diese heißen Wellen. Das mußte er sich abgewöhnen. Er wußte nur noch nicht wie.

Walters Moped stand noch im Firmenhof. Ob der Chef mit Walters Mutter darüber gesprochen hatte? Sie würde es ja doch nicht fahren, und die Schwester auch nicht. Ob er vielleicht fragen sollte . . . Nein. Und wenn, dann nicht jetzt.

Tim ging hinaus in den Hof. Zwischen den geborstenen Steinplatten blühte ein gelber Huflattich.

Morgen war wieder Berufsschule. Tim würde sich doch überwinden müssen und eines von den beiden Mädchen in der Klasse bitten, ihm ihre Mitschriften zu borgen. Er war wieder einmal nicht mit dem Schreiben nachgekommen. Die ersten drei Wochen hatte er wegen einer eitrigen Angina versäumt, und es kam ihm vor, daß er die nie würde nachholen können. Er fühlte sich fremd in der Klasse.

Diese beiden Mädchen waren unheimlich eifrig. Als wollten sie beweisen, daß sie mindestens ebenso gute Elektriker werden konnten wie die Kollegen. Die eine war außerdem noch hübsch. Susi hieß sie, seit neuestem nannte sie sich Sue. Die andere hieß Michaela. Er würde Michaela bitten, ihm ihr Heft zu borgen. Sie waren ja beide sehr kameradschaftlich, da konnte man nichts sagen. Nur wie sie einen immer ansahen, das hielt man schwer aus.

Nach der Mittagspause wurde Tim Feichtinger zugeteilt. Feichtinger betrachtete jede elektrische Anlage mit gründlichem Mißtrauen. Wo ein anderer eine Sicherung auswechselte, legte er neue Leitungen. Meist fand er dabei tatsächlich Fehler, die eine Katastrophe hätten auslösen können. „Der Feichtinger hat eine Nase", hieß es. Nicht einmal der Chef redete ihm drein. Die einzige Arbeit, die er anderen — und insbesondere einem Lehrling — zutraute, war Stemmen. Im Stemmen könnte ich glatt ein Diplom haben, dachte Tim.

Sie gingen in eines von jenen Häusern, in denen die Feuchtigkeit im Stiegenhaus hochkriecht und jede zweite Bodenfliese Risse hat, die Messingknöpfe des Treppengeländers aber funkeln, und der eine oder andere Buchstabe auf den Türschildern hat seine Schnörkel weggeputzt bekommen.

Die alte Dame hatte mit einem neuen Stecker gerechnet. Feichtinger betrachtete kopfschüttelnd die Sicherungen und wies Tim an, aufzustemmen. Die alte Dame jammerte wegen ihrer neuen Tapete und sorgte sich um das Schlagobers im Kühlschrank.

Ein Ziegelbrocken traf Tim an der Hand. Die Hand begann zu bluten, verschmutzte die Tapete. Tim saugte an der Wunde.

„Na, was hab' ich gesagt?" rief Feichtinger, als Tim zwei bloße Drahtenden freigelegt hatte.

Die alte Dame wurde blaß. „Was wird denn das kosten?"

„Dafür bin ich nicht zuständig", sagte Feichtinger. „Da müssen Sie den Chef fragen."

„Können Sie das nicht irgendwie machen, behelfsmäßig . . . Ich fürchte, meine Pension erlaubt mir nicht . . ."

Feichtinger funkelte sie an, als hätte sie einen Mord von ihm verlangt. „Erstens, Gnädigste: wenn ich was mach', dann anständig. Und zweitens kann man nicht ‚irgendwie'. Entweder — oder."

Die Hände der alten Dame flatterten.

Im Auto schimpfte Feichtinger: „Blöde alte Schachtel. Soll sie's eben abzweigen von dem, was sie für ihr Begräbnis auf der Sparkasse liegen hat. Bringt sich lieber um, als auf ein Begräbnis erster Klasse zu verzichten. Aber ohne mich."

„Vielleicht hat sie wirklich kein Geld", wandte Tim ein.

„Fürs Begräbnis haben die alle Geld. Alle". —

Beim Umziehen in der Firma fiel Tims Blick wieder auf die Blechdose, er starrte sie an, ohne sie wirklich zu sehen. Plötzlich merkte er, daß Erwin ihn beobachtete. Er zog sein Schuhband so fest zu, daß es abriß.

Erwin schnallte seinen Nierengürtel um. Er hatte dabei diesen ganz nach innen gewandten Blick und ein seltsames Lächeln. Dann fuhr er mit beiden Händen über das straff sitzende Leder und nahm den Sturzhelm vom Haken, hauchte darauf, polierte eine Stelle mit dem Taschentuch, verstellte den Riemen. Auf dem höchsten Punkt des Helms klebte ein Bild von Erwins Freundin.

Tim nahm seinen Beutel und verabschiedete sich. Lothar ging ihm nach.

„Nimm's nicht so schwer."

Tim zuckte mit den Schultern. Er wollte nur in Ruhe gelassen werden. Außerdem ging es gar nicht um Walter. Es war eigentlich etwas anderes.

Fünf Minuten nach fünf.

Die anderen trafen sich jetzt sicher im Eissalon. Aber er hatte keine Lust hinzugehen. Die würden ihm doch nur erzählen, wo sie Eva und ihren neuen Freund mit seinem Sportwagen gesehen hatten. Ihm war es ja egal, aber trotzdem.

Er wollte ohnehin sparen. Der Vater weigerte sich, ihm das Geld für ein Moped vorzustrecken oder für ihn zu bürgen. „Erst leiste was, dann kannst du dir was leisten."

Die Straßenbahn war voll. Tim wurde in die Mitte des Wagens geschoben. Etwas Spitzes stieß ihn in die Kniekehle, als er nach vorn auswich, wurde er von seinem Hintermann gegen ein Mädchen gedrückt. Das Mädchen drehte sich um.

„Verzeihung", murmelte er.

Sie lächelte.

In diesem Augenblick schlug ihn jemand auf die Schulter. Es war Charly. Tim zwang sich ein „Servus" ab.

Das Mädchen schob sich ein Stück weiter nach vorn.

Charly sah wirklich zum Fürchten aus. Seine Augen waren rot, seine Lider flackerten. Die dünnen, dunklen Barthaare in den Höhlen seiner Wangen wirkten wie Schmutz. Er roch nach kaltem Rauch.

„Schön, wenn einer sich so freut, einen zu sehen", sagte er.

„Wie läuft's?" fragte Tim.

Charly kratzte sich. „Ist doch egal."

„Hast du schon was?"

„Seh ich so aus?"

Tim zuckte mit den Schultern. „Willst du immer noch technischer Zeichner werden?"

„Stört's dich?" Charly hatte zwei Lehrstellen abgelehnt, er wollte unbedingt technischer Zeichner werden, und dafür waren seine Zeugnisse offenbar zu schlecht. Er jobbte hin und wieder, aber nie länger als fünf, sechs Wochen.

„Was machst du jetzt?" fragte er.

„Ich muß heim", sagte Tim.

„Ja, natürlich."

Tim stieg aus. Er rannte über die Kreuzung. Als die Straßenbahn ihn überholte, sah er Charlys Gesicht verzerrt durch die spiegelnden Scheiben. Er hätte ihn doch einladen sollen. Es mußte ja nicht gerade auf ein Bier sein. Wenn Charly Bier trank, wurde er angriffslustig.

Er hatte so einsam gewirkt. Fast so einsam wie Walter, in den letzten Wochen ... Tim versuchte, den Gedanken wegzuwischen, aber es gelang ihm nicht. Er spürte einen Druck im Magen.

Als kleiner Bub hatte er sich vorgestellt, das Gewissen säße im Bauch wie ein Tintenfisch in seiner Höhle und fresse alle seine schlechten Taten in sich hinein. Manchmal hatte er Angst gehabt, dieser Gewissenstintenfisch könnte so groß werden, daß nicht mehr genügend Platz für ihn wäre im Bauch, und dann würde etwas Furchtbares passieren.

Damals hatte er sich für Meerestiere interessiert.

Auf dem Spielplatz vor dem Haus rollte ihm ein Ball vor die Füße. Tim kickte ihn genau in die Mitte des Klettergerüsts. Als er die Tür aufsperrte, hörte er den Vater im Badezimmer prusten. Sobald er von der Arbeit heimkam, ließ er das Waschbecken vollaufen und steckte den Kopf hinein. Er behauptete, es sei die einzige Möglichkeit, den feinen Staub aus der Nase zu bekommen.

„Tim?" rief die Mutter aus der Küche. „Du kannst dir gleich die Hände waschen. Essen ist fertig."

Der Vater trocknete sich umständlich ab. Sie nickten einander zu.

„Wie war's?" fragte die Mutter. „Schlimm?"

Tim wußte keine Antwort, weder für sich selbst noch für sie. „Trotzdem: Guten Abend!" sagte er.

Sie sah ihn an, als ob sie ihm über die Haare streichen wollte. Statt dessen legte sie ihm ein großes Stück Auflauf auf den Teller.

Günther Stingl Der Job

„Guten Tag! Ich bin der Neue."

Der Mann blieb stehen und musterte ihn kritisch. Charly bemühte sich, dem Blick standzuhalten. Er fühlte sich nicht wohl in seiner Haut, in der Nacht hatte er kaum schlafen können. Verlegen machte er einen kleinen Schritt zur Seite. Zwei Mädchen gingen vorbei, die ihn nicht beachteten.

„Grüß Gott", sagte der Mann und streckte ihm die Hand hin. Zögernd ergriff sie Charly. Der Mann gab ihm so fest die Hand, daß es schmerzte. Charly ließ es sich nicht anmerken. Vielleicht erwartete der andere, daß er zusammenzuckte oder schrie, er wußte es nicht. Der Bewährungshelfer hatte ihm gesagt, daß der erste Eindruck, den man von ihm gewann, entscheidend sein konnte. Deshalb nahm er sich besonders zusammen.

„Wie heißt du?"

Natürlich, Charly hätte sofort seinen Namen nennen sollen! „Entschuldigung", stammelte er. „Ich bin Charly Weber."

Der Mann sah ihn mit einer Spur von Erstaunen an.

„Daß eine Probezeit vereinbart wurde, weißt du ja, nicht wahr?"

Plötzlich wurde Charly heiß. Er konnte nur nicken und fragte sich: Hat das einen besonderen Grund, daß er das betont?

Stoll mußte aufgefallen sein, daß Charly diese Bemerkung aus der Fassung gebracht hatte.

„Alle Lehrlinge haben eine Probezeit zu absolvieren. Das weißt du doch, oder?"

„Ja, natürlich."

Stoll brachte ihn zu seinem Meister in die Lehrwerkstätte der Fabrik. Charly bedankte sich bei Stoll und beobachtete, daß dieser lange mit dem Meister sprach, ehe er ging. Der Meister machte ihn mit seinen Arbeitskollegen bekannt.

Charly nannte seinen Namen. Da sagte einer von den Burschen bestimmt: „Ich bin hier der Charly!"

„Dann werden wir zu dir eben Karl sagen", entschied der Meister.

Charly nickte verwirrt, das war ihm gar nicht recht. Besonders nett waren die Kollegen ja nicht, dachte er. Der Meister zeigte ihm seinen Spind, Charly hängte darin seine Jacke auf, dann bekam er seine erste Arbeit zugewiesen. Er war sehr aufgeregt und wurde noch nervöser, weil er die neugierigen und abschätzenden Blicke der anderen fühlte.

„Wie weit bist du mit dem Feilen?" fragte ihn der Meister nach einer halben Stunde.

Charly zeigte es ihm. An der Miene des Meisters erkannte er, daß er nicht besonders zufrieden mit ihm war. Dadurch wurde er noch fahriger.

Heimlich schaute er immer wieder auf die Uhr. Die Zeit wollte und wollte einfach nicht vergehen! Als endlich die Mittagspause gekommen war, atmete Charly auf.

„Du kannst mit uns in der Kantine essen", sagte der Meister.

„Danke."

Jetzt wartete seine Mutter umsonst auf ihn, aber da war nichts zu machen, denn die Mittagspause war zu kurz, als daß Charly nach Hause gehen und dort hätte essen können. Aber das hatte ihm niemand vorher gesagt.

Verdrossen schob er einen Bissen in den Mund. Eines stand für ihn fest: Seine Mutter machte das Reisfleisch viel besser als die hier! Heute abend wollte er ihr das erzählen, sie freute sich bestimmt darüber.

Am Nachmittag kam wieder der Meister zu ihm und begutachtete seine Arbeit.

„Merkst du, was du falsch gemacht hast?"

Charly schüttelte verlegen den Kopf. Er fühlte schadenfrohe Blicke auf sich gerichtet, vielleicht bildete er sich das aber auch nur ein, jedenfalls wäre er vor Scham am liebsten im Erdboden versunken. Werde ich das aushalten? fragte er sich besorgt.

Endlich war Karls erster Arbeitstag in der Fabrik zu Ende. Er hatte auf diesen Augenblick schon sehnsüchtig gewartet. Er war bleich und erschöpft, konnte sich kaum noch auf den Beinen halten.

„Läßt du eine Runde springen?“ fragte ihn der andere Charly grinsend, als Karl seine Jacke aus dem unversperrten Spind holte. Karl sah derart erstaunt drein, daß der andere Charly erklärend hinzufügte: „Bei uns ist das so üblich. Das macht jeder Neue.“

„Okay“, sagte Karl. Dann fiel ihm ein, daß er dafür zu wenig Geld eingesteckt hatte. „Aber erst morgen.“

„Warum erst morgen?“

Da mußte Karl mit der Wahrheit herausrücken.

„Hört ihr, er hat nicht genug Geld eingesteckt!“ rief der andere Charly, und die übrigen brachen wie auf Kommando in schallendes Gelächter aus.

„Charly, ich möchte dich etwas fragen“, sagte Karl später.

Der andere Charly blieb stehen und drehte sich halb zu ihm um.

„Wie lang muß man die Arbeit machen, die ich heute bekommen habe?“

Der andere Charly dachte einen Augenblick lang nach. „Wie lange? Bis du sie kannst.“

„Wie lange hast du dazu gebraucht?“

„Ich weiß es nicht mehr genau. Ungefähr fünf, sechs Wochen . . .“

Karl versuchte, seine Niedergeschlagenheit nicht zu zeigen. Fünf, sechs Wochen, dachte er auf dem Heimweg. Vielleicht brauche ich noch länger! Stunde für Stunde, Tag für Tag, Woche für Woche immer das gleiche. Daheim ließ er sich aufs Sofa fallen. Er hatte keinen Hunger, nur Durst. Er trank drei Tassen Tee, dann schlief er sofort ein.

Als am nächsten Morgen der Wecker läutete, fuhr er schlaftrunken in die Höhe. So früh hatte er nicht einmal aufstehen müssen, als er noch zur Schule ging. Am liebsten hätte er bis Mittag weitergeschlafen.

Der Portier überreichte ihm seine Karte für die Stechuhr — sie hatte die Nummer 257 — und zeigte ihm, wie er sie beim Kommen und beim Gehen markieren mußte. Beim Betreten der Lehrwerkstätte fiel Karl zu seinem Entsetzen ein, daß er vergessen hatte, sich genug Geld einzustecken. Er war wirklich ein Idiot! Fieberhaft überlegte er, was tun. Er hatte keine andere Wahl, er mußte in der Mittagspause schnell nach Hause laufen und sich Geld holen, wollte er sich nicht zum Gespött seiner Arbeitskollegen machen. Er beschloß, sich in einem günstigen Augenblick dem Meister anzuvertrauen und ihn um Rat zu fragen.

„Das ist ein Unsinn", fand der Meister.

„Aber was soll ich denn machen?"

„Ich borge dir das Geld."

„Wirklich?"

Der Meister nickte. Karl wäre ihm am liebsten um den Hals gefallen.

„Wieviel brauchst du denn?"

Karl hatte keine Ahnung und gab das auch zu.

„Ich borge dir zweihundert."

„Danke!" Karl sah ihn unsicher an.

„Ist was?"

Karl wagte es nicht, den Meister um mehr zu bitten. Der verstand aber auch so. „Brauchst du mehr, Karl?"

„Vielleicht."

„Du wirst sie doch nicht in ein Luxusrestaurant führen wollen!" scherzte der Meister.

„Nein, das bestimmt nicht, aber ich habe lieber ein bißchen zu viel als zu wenig mit."

Das sah der Meister ein und steckte ihm unauffällig drei Hunderter in die Tasche.

„Danke! Vielen Dank, Herr Meister! Ich gebe es Ihnen gleich morgen zurück."

„Schon gut. Wie hast du dir denn das Geld verdient?"

Diese Frage war Karl sichtlich unangenehm. Lange überlegte er eine passende Antwort und sagte schließlich nur: „Sauer genug . . ." Hoffentlich fiel dem Meister nicht auf, daß er so lange gezögert hatte. Aber der Meister stellte keine weitere Frage, und Karl war ihm dankbar dafür.

Bei Arbeitsschluß lud Karl den Meister spontan ein, mit ihnen, einen Sprung wenigstens, mitzukommen.

„Gut, auf ein Bier habe ich Zeit", antwortete der Meister überrascht.

Die anderen Lehrlinge schienen darüber außerordentlich verärgert zu sein. Sie waren ziemlich wortkarg, kaum einer brachte in dem Beisel den Mund auf. Karl fand es direkt langweilig.

„Wie gefällt es dir bei uns Karl?" fragte ihn der Meister nach einer Weile freundlich.

„Danke, sehr gut", antwortete Karl rasch. „Ich habe sehr nette Arbeitskollegen . . . So etwas ist ja immer wichtig."

„Natürlich", stimmte ihm der Meister zu. „Ich glaube, bei uns ist das Betriebsklima in Ordnung. Was meint ihr dazu, Burschen?"

„Jaja", erwiderte Charly einsilbig.

„Auf gute Zusammenarbeit, Karl", sagte der Meister, erhob sein Glas und stieß mit Karl an.

„Das wünsche ich mir auch", murmelte Karl leise, der mit dieser Geste des Meisters nicht gerechnet hatte.

Nach zehn Minuten sah der Meister auf seine Uhr und sagte bestimmt: „So, jetzt muß ich gehen. Vielen Dank für die Einladung!"

Der Meister reichte Karl, der von seinem Sessel aufgesprungen war, die Hand, winkte den anderen zu und verließ schnell den Raum.

„Draußen ist er", sagte Charly frohlockend. „Jetzt wird es erst richtig gemütlich, Burschen!" Dann wandte er sich Karl zu: „Warum hast du ihn überhaupt eingeladen? Hast dich wohl bei ihm beliebt machen wollen?"

„Daran habe ich wirklich nicht gedacht", antwortete Karl möglichst ruhig. „Ich habe mir gedacht, so eine Einladung kann nie schaden."

„Dir bestimmt nicht", rief Charly aggressiv.

Karl war bestürzt, welchen Verlauf das Gespräch nahm. Mit

einem schnellen Blick in die Runde erkannte er, daß die meisten Charlys Ansicht teilten.

„Prost, die Runde!" rief Karl, um vom Thema abzulenken.

„Prost, Karl", sagte Charly und fügte ironisch hinzu: „Auf gute Zusammenarbeit!"

„Schaut nur, wie schnell sich der Karl eingearbeitet hat!" sagte der Meister. Widerwillig kamen zwei Lehrlinge an den Tisch und bewunderten pflichtschuldig Karls Werkstück. Dem war nicht wohl in seiner Haut. Der Meister klopfte ihm auf die Schulter und sagte: „Nur so weiter, Karl! Die anderen können sich an dir ein Beispiel nehmen!"

Der Meister meinte es ja sichtlich gut, aber trotzdem wagte es Karl kaum, von seiner Arbeit aufzuschauen. In der Pause stand er allein in der Ecke. Charly und einige andere Lehrlinge steckten die Köpfe zusammen und diskutierten erregt.

Unmittelbar vor Ende der Pause kam Charly auf ihn zu und und sagte in drohendem Ton: „Ich warne dich."

Karl sah ihn erstaunt an. „Ich verstehe nicht, was du meinst."

„Das verstehst du sehr gut!"

Energisch schüttelte Karl den Kopf.

„Du sollst dich hier nicht als Musterknabe aufspielen und besser und schneller als wir arbeiten!"

„Ich spiele mich doch nicht auf."

„Natürlich tust du das, du verdammtes Vorbild!"

„Ich will bleiben dürfen, Charly. Kapierst du das nicht?" fragte Karl verwundert.

„Werd' nicht frech! Natürlich kapier ich das, aber wir alle wollen behalten werden. Darum übertreib nicht, du Idiot!"

Damit ließ er Karl allein in der Ecke zurück und schlenderte wieder gemächlich zu den anderen.

Nach einer Woche warnte ihn Charly noch einmal, allein Karl hatte sich fest vorgenommen, sich nicht einschüchtern zu lassen.

Zwei Tage danach behauptete ein Lehrling, ihm sei ein Fünfhunderter gestohlen worden. Da Freddy darauf bestand, untersuchte der Meister alle Lehrlinge. Erfolglos. Zuletzt kam er zu Karl.

„Weißt du, das ist nur eine Formsache“, sagte der Meister.

„Natürlich.“

Bereitwillig ließ sich Karl durchsuchen. Der Meister fand nichts.

„Jetzt muß ich noch in deinem Spind nachsehen.“

„Selbstverständlich!“

„Komm mit, Karl.“

„Wenn Sie meinen . . .“

Gehorsam ging Karl mit dem Meister zum Spind. Der Meister öffnete ihn, hob Karls Jacke auf — und entdeckte darunter einen Fünfhunderter. Der Meister sah Karl enttäuscht und vorwurfsvoll an. Vor Aufregung und Entsetzen brachte Karl kein Wort heraus. Diese Schweine, dachte er nur, diese verdammten Schweine! Warum war ich auch so leichtsinnig und habe meinen Spind nicht abgesperrt wie die meisten anderen! Aber ich dachte mir, die alte Jacke nimmt mir ohnehin niemand.

„Weißt du die Nummer von deinem Fünfhunderter?“ fragte der Meister Freddy.

„Nein, Herr Meister, aber der Schein war zerrissen, und ich habe ihn auf der Rückseite zusammengeklebt.“

Der Meister drehte die Banknote um. Sie war auf der Rückseite zusammengeklebt.

Er seufzte tief und sagte traurig: „Komm mit, Karl.“

Der wußte nicht, wie ihm geschah. Momentan war er zu keinem vernünftigen Gedanken fähig. Ihm schossen Tränen in die Augen, Tränen des Ärgers und der Empörung über so viel Niedertracht und Gehässigkeit. Der Meister führte ihn in sein Büro.

„Was ist dir denn da eingefallen?“

Ich hätte ihm doch von den Drohungen erzählen sollen, dachte Karl. Aber ich wollte nichts sagen, um mich bei den Kollegen nicht noch unbeliebter zu machen, als ich ohnehin schon war.

„Ich habe dir doch eine Brücke gebaut, Karl. Stimmt das?“

Karl fuhr sich mit der Hand über die Augen und nickte verstört.

„Ich habe getan, was ich konnte. Stimmt das?“

Karl nickte wiederum, obwohl er der Meinung war, der Meister habe ihn vor den anderen zu sehr gelobt. Aber das wollte er ihm in dieser Stunde nicht vorhalten, weil es ohnehin nichts mehr nützte.

„Du hättest mich doch nur um Geld zu bitten brauchen, und ich hätte es dir geliehen, wie ich dir die dreihundert geliehen habe."

Er glaubt noch immer, daß ich den Fünfhunderter gestohlen habe, dachte Karl schockiert, und auf einmal begann sich alles um ihn herum zu drehen. Der Meister fing ihn auf. Allmählich erholte sich Karl.

„Aber ich . . ." Karl konnte kaum sprechen. „Ich habe . . . Ich habe es Ihnen doch . . . am nächsten Tag sofort wieder . . . zurückgegeben!"

„Ja. Aber du hast mir nicht sagen können, wie du es dir verdient hast." Der Meister ließ ihn nicht aus den Augen. „Kannst du es mir jetzt sagen, Karl?"

Benommen dachte Karl nach und fand keinen Ausweg. Ich kann ihm doch nicht sagen, daß ich es damals fürs Schmierestehen bei dem Einbruch in das Radiogeschäft bekommen habe, überlegte er verzweifelt.

„Hast du vielleicht über die Ferien irgendeinen Job gehabt? Warst du vielleicht auf der Post oder in einem Büro oder sonstwo?"

Betroffen schüttelte Karl den Kopf.

„Hat es dir deine Mutter geschenkt?"

Abermals schüttelte Karl den Kopf.

„Das hätte ich dir ohnehin nicht geglaubt, denn ich weiß von deinem Bewährungshelfer, wie wenig sie als Bedienerin verdient."

„Ich . . . Ich . . ." Ich war es nicht, wollte Karl sagen, konnte den Satz aber, so sehr er sich auch bemühte, nicht zu Ende sprechen.

Der Meister wartete geduldig eine Weile, dann sagte er: „Dein Lehrverhältnis auf Probezeit ist hiemit per sofort beendet. Übermorgen kannst du dir im Chefbüro deine Papiere und das Geld, das dir noch zusteht, holen. Von einer Anzeige bei der Polizei sehen wir entgegenkommenderweise ab."

Stephan Eibel freiheit

ich überlegte es mir eine woche lang, das moped zu kaufen. die meisten burschen hatten das glück, einen vater mit einem moped zu haben. damit fuhren die väter in die arbeit. zur schicht. mein vater fuhr mit dem autobus oder per anhalter. ich wollte ein moped. damit herumfahren. ich kaufte ein moped. 250,— schilling kostete es. ich hatte angst, daß mich alle auslachen würden, weil es vielleicht ein schlechter kauf sein könnte. mein vater wetterte. ich dürfe es nicht in die garage stellen. nach drei tagen mopedhaben durfte ich es dann doch in die garage stellen. das moped war ein besonderes moped. es war schneller als die eisen der anderen. allerdings mußte ich es bergauf fast schieben. aber immerhin fuhr es mehr als 60 stundenkilometer. bei wind sogar mindestens achtzig. zwei übertretungen bedeutete das für mich. erstens durfte man mit einem moped nicht mehr als 40 km/h fahren, zweitens auf der bundesstraße nicht mehr als 60 km/h. ich fuhr sehr selten mit meinem moped. auch zur arbeit fuhr ich damit selten. das schnelle eisen ging nämlich nur selten. dies verleugnete ich zu hause. wie auch meinen bekannten gegenüber. die nannten mich dann geizhals und spießer. wenn das moped endlich einmal ging, dann fuhr ich nur mehr herum. wollte alle treffen, und falls ich sie traf, erzählte ich ihnen, wo ich überall gewesen sei. ja sogar in wien sei ich schon gewesen. ich schaffte es in 3 stunden. die meisten glaubten mir nicht. doch ich hatte immer einige zeugen bei der hand. wenn dann das moped gerade abstarb, stellte ich es hin. sagte, daß ich in ein gasthaus ginge. ich hätte durst. wäre nämlich gerade in admont gewesen, und dem moped täte es auch gut. immerhin hätten wir einige autos überholt. oft hatte ich nicht einmal das geld, um mir ein bier zu kaufen. dann trank ich eben ein achterl. das allerdings trank ich sehr schnell und ging. dann lief ich. das moped sprang nicht an. es streikte. ich begann mit dem eisen zu sprechen, zu fluchen, und schlußendlich warf ich es hin. hob es wieder auf und versuchte es nochmal. es ging einfach nicht. über den waldweg schob ich es dann heim. bergab versuchte ich es anzubringen. durch die schieberei spät nach hause gekommen, erzählte ich meinen eltern, daß mir ganz komische dinge passierten. in admont, ca. 45 km von eisenerz entfernt, hätten mich rocker angestänkert und verfolgt. ich wäre ihnen aber zum glück entkommen. oder daß ich einigen autofahrern geholfen hätte. oder daß ein eisenerzer mit seinem moped schwierigkeiten hatte und wir es erst nach stundenlangem bemühen zum fahren gebracht hätten. alles hätten wir auseinandergenommen. nur, daß die zündkerzen verrußt wären, darauf kamen wir erst zuletzt. dann lachte mein vater und ärgerte sich über unsere blödheit. dann fühlte ich mich gut mit meinem vater. das war was menschlich warmes für mich. ich erzählte dann alle möglichen sachen, wo wir, jedenfalls ich, immer blöd ausstiegen, ich aber auch etwas gelernt hätte. als dann das moped nicht einmal mehr jeden fünften tag ging, sagte ich meinen eltern, ich hätte es um 500 schilling verkauft. an einem samstag warf ich das moped verstohlen zum schutt hinunter. hatte tränen in den augen. wußte, versagt zu haben. ausgelacht zu werden. mein vater glaubte mir nichts von dem verkauf. so kam ich auf 350,— schilling und sagte ihm, daß er eh recht habe. das glaubte er mir dann. fragte mich auch, ob ich das gespart hätte. das geld zeigte ich ihm. er gab mir nur eine ohrfeige, weil ich nicht lügen sollte. danach war alles gut. dies war die zeit, wo ich beschloß, den führerschein zu machen. ich war knapp vor 18. ich machte den führerschein. wußte jedoch, daß ich nicht das ganze geld dazu hatte. so ging ich vor der prüfung zu meinem vater, der irrsinnig böse auf mich war, denn er meinte, ich solle den führerschein später machen, also wenn ich achtzehn wäre, und sagte ihm, daß ich das bezahlen müßte. er solle mir doch das geld geben. gab er es mir nicht, müßte ich es in der fahrschule sagen, und er wisse doch, wie die leute dann reden. dann ging ich schleunigst aus dem zimmer und zu meinem freund. am nächsten morgen gab mir meine mutter das geld.

meine mutter war sehr dafür, daß ich jetzt den führerschein machte. trotzdem konnte nur mein vater das geld mir hiezu geben. sie sagte, es sei vom vater und daß ich so etwas nie mehr ohne seine vorhergehende zustimmung machen dürfe. ich bezahlte am abend und war damit einer der ersten, die den vollen betrag zahlten. ich bestand dann die prüfung, und mein vater sagte mir, daß mich alle ausgelacht hätten, wäre ich durchgefallen. hätte ich seine prüfer gehabt, wäre ich sowieso durchgefallen. mein vater hatte den b-führerschein erst zwei jahre zuvor gemacht. er hat sich im geheimen ein jahr lang vorbereitet. wußte alle kreuzungen und sprüche auswendig. ich ging nur in den normalen kurs und fehlte da sogar einige male. erst später erfuhr ich durch meine mutter, daß mein vater sehr nervös am tag meiner führerscheinprüfung war. er fürchtete sich davor, daß ich durchfiele, weil dann die leute ihn auslachen würden. eine freude hätten. nach der führerscheinprüfung bettelte und flehte ich um ein auto. mein vater hatte zu der zeit schon ein auto. einen vw-1200. er erarbeitete sich ihn beim bau eines hauses. er half mit nach seiner arbeitszeit. ebenso erarbeitete er ihn sich durch das arbeiten im wald als holzfäller. sonst wäre es nicht gegangen, sagte er. dem arzt gegenüber, dessen haus er bauen half, empfand er große dankbarkeit. er kam von der schicht nach hause, schlang das essen hinunter und ging haus bauen. um 22.00 uhr kam er dann zurück, legte sich schlafen und ging morgens um 4.30 uhr zur schicht. hatte er nachtschicht, ging er oft den ganzen tag hinüber. es war nicht weit zu gehen, um am bauplatz zu sein. manchmal arbeitete er dann noch im wald. ich hatte ein schlechtes gewissen, weil ich nur acht stunden arbeitete. und noch dazu nicht so schwer wie mein vater. so begann ich die b-matura zu machen. die b-matura deshalb, weil ich gendarm oder polizist werden wollte. es war für mich vollkommen klar, daß ich die unterschrift fälschte (garantievertrag für die einjährige bezahlung des kurses, auch wenn der teilnehmer daran nicht mehr teilnehmen sollte). ich fälschte die unterschrift meines vaters. aber ich wollte es. als ich dann nachts des öfteren länger das licht brennen ließ, weil ich lernte, und mein vater aufwachte und aufs klo ging, schaltete er mir das licht aus. ich sagte ihm, daß ich doch lerne. das konnte meinen vater nicht begeistern. er sagte dann, am tag solle ich lernen. am tag arbeite ich, sagte ich. der strom ist teuer, sagte mein vater. dann war es dunkel. ich befriedigte mich dann meistens. und schlief ein. ich stellte mir immer vor, daß es ganz klare richtlinien gebe, so wie in der schule, ob man gut sei, also aufsteigen konnte oder nicht. natürlich wußte ich, daß nicht alle gut sind, die oben sind, aber insgesamt gehe das in ordnung. so auch der führerschein. das freisein. und noch mehr frei ist der, der ein auto hat. dann bist du so erwachsen. kannst mitreden mit den älteren erwachsenen. hast sorgen, wie: ich muß zur wartung, das auto muß ich auch noch waschen, ein auto ist eine sparkasse, ich wollte auch das recht, solche sorgen aussprechen zu dürfen. nach langem bitten und betteln hatte ich ein auto. mein vater kaufte mir das auto. einen puch 550 d. mit geheimstarter. ein grau-weißes auto. mit winterreifen. mein vater hat das noch herausgeschunden. schnell fuhr ich mit dem auto nur, wenn freunde, kumpel, kameraden im auto waren. mit frauen fuhr ich immer vorsichtig. sagte ihnen jedoch, wie ich dort und da blöd gefahren sei und wie es mich geschleudert habe, ja sogar um die eigene achse. sie glaubten mir das auch. taten zumindest so. als es mich dann wirklich bei regennasser fahrbahn um die eigene achse drehte, konnte ich nur zuschauen. als mir nichts passierte und ich meinen freund anschaute, der ganz weiß im gesicht war, konnte ich nur mehr sagen, siehst du, so geht das. nach einigen kilometern meinte ich wirklich, daß ich so gut sei. gut sei im autofahren. vor uns, es ging bergauf, fuhren freunde. bergab holen wir sie schon ein. und dann fuhren wir mit dem puch 120 km/h bergab. überholten die anderen. links und rechts die bäume, davor die leichten kurven. bei einer dieser kurven, dicht die freunde mit dem schnelleren vw dahinter, tat ich so, als ob ich in großen schwierigkeiten wäre. ließ den wagen schleudern. dann schleuderte er mehr, wir fuhren in die leitschiene, drehten uns um die achse, und ich konnte nur mehr zuschauen. stieg auf die bremse. die ganze rechte seite war kaputt. der gepäcksträger lag im bach. die vorbeikommenden autos, also die autofahrer

in den autos, schüttelten nur den kopf. ließen ihre hand um ihre stirn kreisen. mein karl und ich standen da und begriffen noch nicht. die freunde standen da und schauten. der freunde wegen sind wir diesen weg gefahren. einer von ihnen hatte nachtschicht, es war sonntag, und traute dem vw, mit dem sie fuhren, nicht. sie meinten alle, es sei kein verlaß auf ihn. und für alle fälle könnte ja ich ihn nach hause fahren.
wir holten den gepäckträger herauf. befestigten ihn wieder. ich versuchte den wagen zu starten. er ging. zurück nach eisenerz. nach wenigen kilometern trafen wir die ersten bekannten. ich schämte mich. sie mußten das kaputte auto gesehen haben. ich traute mich nicht nach hause. wir beschlossen, ins kino zu gehen, denn ich sagte ihnen, daß wir sagen könnten, in der nacht habe mich ein auto so geblendet, daß ich in der schärfsten kurve nichts mehr sehen konnte, und so ist es eben geschehen. das schwein von autofahrer aber blieb nicht stehen. das wäre doch nur eine versicherungsangelegenheit gewesen. das sind eben schweine. nach der kinovorstellung gingen alle zu mir nach hause. ich betrat das schlafzimmer. erzählte es meinem vater. der sagte zuerst, er hatte einen pyjama an, das interessiere ihn nicht. dann schrie er, daß ihm das wurscht sei. dann sprang er aus dem bett und wir liefen. die anderen standen hinter mir. so war ich der letzte und den trafen die schläge seiner hände. trotzdem konnte ich mich noch befreien. ich war draußen. die anderen warteten schon unten. wir gingen zum auto und auch mein vater kam. er sah es zuerst nur von vorne. irgendwie merkte ich, daß er das nicht so arg empfand. so sagte ich, da ist auch noch ein bißl was hin. er sah es und wir rannten. er lief uns nach. gab es dann doch auf. wir gingen in unser stammgasthaus, das espresso. dort tranken wir ein bier. ich traute mich nicht nach hause. hatte angst vor prügel. angst, nicht mehr zu hause zu wohnen. wo sollte ich denn wohnen? die leute würden sich da was denken. ich hielt mich am schmiedeeisernen gitter des lokals an, und dachte, in zehn jahren lachst du über diesen vorfall. du hast etwas besonderes erlebt. das geht vorbei. am nächsten tag verkaufte mein vater das auto. mit einem verlust von S 5000,— insge-

samt. danach ging ich meinem vater aus dem weg. er schlug mich auch nicht. einmal sagte ich ihm, daß ich ihm das zurückzahlen werde, er tat abwehrend mit der hand und sagte, daß ich das sowieso nicht könne. dann ging ich schnell. hatte tränen in den augen und überlegte mir, wie ich das wieder gut machen könne. in der zwischenzeit hat mein vater einen grund gekauft. er wollte ein haus bauen. er war 100 kilometer von eisenerz entfernt. dorthin fuhr ich dann an meinem samstag und arbeitete. grub. schwitzte und war ruhig. ich fuhr per autostop dorthin, weil ich mich nicht getraute, mit meinem vater mitzufahren. hatte angst, daß er sich wieder aufregen könnte, über das hinausgeschmissene geld. da wußte ich, das geht niemals vorbei. es gibt erlebnisse, über die man später nicht lacht.

Rudolf Pritz Der Stockinger

Wenn einer am Wochenende durch das Dorf zieht, und das nicht gerade nüchtern, dann ist es mit Sicherheit der Stockinger. Er redet vor sich hin, flucht und schimpft bisweilen und ist auf dem Heimweg. Stockinger ist ein etwa fünfzigjähriger Mann, groß und schwer, mit herabhängenden Fäusten, die es keinem ratsam erscheinen lassen, sich ihm in den Weg zu stellen. Die Nachbarn haben sich an ihn gewöhnt, sogar die Kinder, weil sie genau wissen, daß er niemandem etwas tut, auch wenn er noch so wild dreinschaut. Damit es nicht immer heißt, er habe jedes Wochenende einen Rausch, sagen die Leute einfach, er sei „gut aufgelegt". Wobei das ganz sicher nicht stimmt.

Wann die Trinkerei des Stockinger angefangen hat, weiß niemand so genau. Es kann ein Jahr her sein, oder auch zwei. Die Leute wissen aber, daß er früher ein stocknüchterner Mensch war. Was ihm über die Leber gelaufen ist, können sie nicht erraten, im Moment ist es jedenfalls der Alkohol. Und da er keine ersichtlichen Familienprobleme hat, sich weder seine Frau scheiden lassen will noch eines von den Kindern ernstlich krank ist, fehlt ihnen jede Erklärung. Er trinkt eben, wie andere auch.

Unter den Arbeitern in der Fabrik ist Stockinger noch immer ein sehr geachteter Mann. Auch deshalb, weil sich seine alkoholischen Ausflüge exakt auf das Wochenende beschränken. Montags blau feiern oder so, das kommt bei ihm nicht vor. Vor allem aber ist es sein Können als Werkzeugmacher, das ihm unter den Kollegen Respekt verschafft. Wenn ein schwieriges Werkstück auszuführen ist, dann wird er damit beauftragt. Wenn ein junger Arbeiter einen fachlichen Rat braucht, dann geht er zum Stockinger. Das macht ihn nicht nur geachtet, sondern auch beliebt.

Warum trinkt der Stockinger also?

Seine Frau wüßte da schon ein bißchen mehr.

Die langen Jahre ihrer Ehe war Stockinger ein braver Mann. Er brachte das Geld nach Hause, sorgte gut für die Kinder und trank kaum je über den Durst. Die Firma, die ihn bereits nach der Lehre einstellte, hat er sein Leben lang nicht gewechselt. Daß er nicht auch, wie seine anderen Arbeitskollegen, ein Häuschen gebaut hat, lag mehr an seinem Hobby als an irgendeiner Besonderheit sonst.

Dieses Hobby war das Schnitzen. Schon als Bub konnte der Stockinger mit dem Taschenfeitel gut umgehen, sodaß er von allen Mitschülern bewundert wurde. Keine Rinde und kein Stück Holz waren vor ihm sicher. So entstanden Schiffchen, die den Bach hinuntergelassen wurden, und kleine Figuren, die sich die Leute in die Weihnachtskrippen setzten. Von Pfeil und Bogen und schön verzierten Spazierstöcken gar nicht zu reden.

Später wurden die Figuren erheblich größer. Sie wuchsen gewissermaßen mit Stockinger mit. Da gab es Wegweiser mit lustigen bäuerlichen Gestalten, aber auch grobe Heiligenstatuen für die Altarwinkel der Bauernhäuser und Schatullen, die er bemalte. Wenn jemand Gescheiter gekommen wäre, hätte er den Stockinger wahrscheinlich an eine höhere Schule empfohlen. So aber blieb er, wo er war, und sein Hobby füllte ihn viele Jahre hindurch aus, weil er mit jedem Stück ein wenig perfekter werden wollte, was ihm ohne Anleitung freilich nur schwer gelang. Natürlich profitierte er vom Schnitzhandwerk für sein Werkzeugmacherhandwerk, sodaß ihn an manueller Geschicklichkeit keiner übertraf.

Der Riß in seiner Natur kam, als die Firma auf Plastikfertigung umstellte. Waren die Werkzeuge, die Stockinger anfertigte, vorher für unterschiedliche Metallgegenstände, wie Hämmer, Zangen, Ventile und dergleichen, zur Anwendung gekommen, so mußte er nun die schönen, auf Hundertstelmillimeter genauen Gesenke für die Anfertigung von Plastikwaren herstellen. Und das ging ihm mehr und mehr gegen den Strich.

Eines Abends war er mit ein paar Dutzend Plastikeierbechern nach Hause gekommen und hatte sie in einer Reihe vor seiner Frau aufgestellt. Rote, gelbe, grüne.

„So viele Eier können wir unser Lebtag nicht essen", hatte die Frau zu den Eierbechern gemeint.

„Und für den Dreck arbeit' ich den ganzen Tag", hatte ihr der Stockinger geantwortet. Mehr nicht. Dann hatte die Frau die Eierbecher rasch in die Kredenz geräumt, weil sie begriff, daß ihr Mann auf diese Art Arbeit nicht gut zu sprechen war.

Ein andermal wieder kam er ihr mit kleinen Plastikflaschen, die ihr vollkommen unnütz erschienen. Er baute sie wieder auf, fast den halben Tisch voll, und sein Gesicht war noch erheblich finsterer als vor den Eierbechern. Dann setzte er sich dazu und starrte eine lange Weile auf die mattfarbigen Fläschchen.

„Damit kann ich mir nicht einmal mehr die Kredenz vollräumen", sagte die Frau. „Das kannst du in den Bach schmeißen".

„Das kommt sowieso früher oder später dorthin", murrte der Stockinger, „das kannst du ja überall sehen."

Die Frau wußte genau, wovon er sprach. Immer wenn sie zusammen in das Holz gingen, wo Stockinger sich die Stöcke und Wurzeln für seine Schnitzereien besorgte, stießen sie auf Abfälle, die ihnen nicht gefielen. Da standen bei den Bauernhäusern verrostete, abgewrackte Autos herum, und in den Gruben, die sich weit über die Landschaft verteilten, lag so ungefähr alles, was in den heutigen Haushalten abfiel: jede Art von Plastikflaschen, Autoreifen, Kanister undefinierbaren Inhalts, die weithin stanken, und natürlich jeder andere Hausrat auch, der schnellebig verbraucht wird. Diese Gstetten waren für Stockinger ein Horror, über den er nicht genug schimpfen konnte.

„Schau dir das an. Wenn es so weitergeht, werden wir bald kein Wasser mehr saufen können." Und er verglich die Menschen mit Schweinen, die sich im eigenen Dreck am wohlsten fühlen.

Nun stand der Stockinger aber vor dem Problem, daß er das alles ja selber erzeugen half.

Eine Zeitlang hatte er, ganz gegen seine sonstige Art, versucht, die Sache auf sich beruhen zu lassen. Man kann sich die Arbeit nicht aussuchen, hatte er gedacht, und wen es trifft, den trifft es eben. Aber die innere Unruhe, die über ihn gekommen war, hielt trotz aller Ausreden an. Es freute ihn nicht mehr so recht in der Arbeit, auch wenn er gar nicht anders konnte, als sie gut zu machen.

Einmal, auf einer Betriebsfeier, wo er eben auch zwei oder drei Biere zuviel erwischt hatte, verbrannte er sich den Mund. Der Ehre wegen, weil er ja schließlich seit fünfunddreißig Jahren im Betrieb war, durfte er neben dem Besitzer und dessen Frau sitzen. Es war eine lange weißgedeckte Tafel, um die mehr als vierzig Leute herumsaßen, und es hatte bei dieser Gelegenheit ein gutes Essen und Freibier gegeben. Nach dem Essen hielt der Besitzer die unvermeidliche Rede von der großen Familie aller Mitarbeiter und der Solidarität, die zwischen allen besteht, „auch zwischen mir und euch“, hatte der Besitzer festgestellt, „denn in dieser großen Familie bin ich so etwas wie der Vater, der sich um alle seine Kinder sorgt“. Das muß einem erst einmal hinuntergehen, wenn es überhaupt geht. Der Stockinger jedenfalls hatte daran zu würgen.

Nach dem Festessen und mitten im Bier fiel es dem Stockinger ein, nun seinerseits eine Rede zu halten, weil er ja schließlich einer der ältesten Arbeiter war und auch seit vielen Jahren im Betriebsrat saß. „Nach fünfunddreißig Jahren Arbeit weiß man auch was, Herr Chef und liebe Kollegen“, fing er an, wobei er die großen Fäuste fest auf den Tisch stützte, „ich zum Beispiel weiß, daß mir am Ende nicht viel mehr bleibt, als ich am Anfang schon hatte. Ich hab zu essen und kann die Familie erhalten, aber dann ist der Ofen schon aus. Und wenn man noch dazu älter wird, dann wird der Verdienst auch nicht größer . . . Ich kenn da genug Kollegen, die zurückgestellt werden, weil sie den Akkord nicht mehr bringen . . .“

An dieser Stelle hätte der Stockinger gerne ausgesprochen, daß — im Gegensatz dazu — der Chef ja immerhin mittlerweile seine Villa hatte, aber so viel gab ihm sein guter Geist doch noch ein, daß er sich bremste. Dafür fing er von der Produktion an: „Wenn ich euch sage, daß es mir nicht gefällt, was wir jetzt erzeugen, dann sage ich euch nichts Neues. Wir leben zwar davon, aber wir machen auch viel damit kaputt . . . Schaut euch doch an, was wir alles hören, vom sauren Regen, der immer schlechteren Luft und was in Steyregg bei Linz los ist."

Der Chef war kein Unmensch. Er hatte eine ganze Weile stillgehalten. In seinem Gesicht aber wurden die Lippen dünner und dünner, beinah ein Strich. Dann stand er mit einem Ruck auf, Schulter an Schulter mit Stockinger, und unterbrach dessen mühsame Rede mit einem ärgerlichen Lachen.

„Aber geh, Stockinger, was drückt dich denn schon wieder die Welt? Was du da redest, damit können wir uns nicht befassen. Dazu sind die Regierungen da. Und wenn ich zum Werk was sagen will, dann wirklich ehrlichen Herzens, daß jeder bei mir immer über dem Kollektivvertrag verdient und sich keiner beschweren kann. Dabei wollen wir es lassen! Es ist ja schließlich ein Fest und keine Betriebsratssitzung." Er klopfte Stockinger auf die Schulter und drückte ihn auf den Sessel nieder. Die Belegschaft war zuerst ein wenig irritiert, aber bald löste sich alles im allgemeinen Bier und beim Kegelscheiben in Wohlgefallen auf.

Zwei Tage ließ der Chef vergehen. Stockinger spürte, daß etwas in der Luft lag und rührte sich stur nicht von seinem Schraubstock weg. Am Vormittag des dritten Tages mußte er ins Betriebsleiterbüro.

„Ich hab dich kommen lassen, weil mir deine Rede durch den Kopf gegangen ist", sagte der Chef. „Du wolltest ja sagen, daß du nichts erworben hast und daß dir auch nicht paßt, was wir machen. Darüber will ich jetzt unter uns Klarheit schaffen."

Er bot dem Stockinger einen Sessel an, ließ Kaffee kommen, und es wurde ein längeres Gespräch. Zusammengefaßt kam heraus, daß auch er die Welt nicht ändern könne, daß es nun einmal ein Oben und ein Unten gab, daß er aber immer bemüht gewesen sei, zu seinen Leuten zu stehen und den Unterschied möglichst klein zu halten. Das sei es, was ein Unternehmer tun könne. Und mehr nicht.

Als zweites kam der Punkt mit der Produktion zur Sprache. „Ich kann mir auch nicht aussuchen, was wir produzieren", sagte der Chef. „Ich muß produzieren, wofür es einen Markt gibt. Und wenn ich da den Anschluß verpaßt hätte, dann müßten wir schon längst zusperren. Sachzwang nennen das die Fachleute in der Wirtschaft und in der Politik, verstehst du? Und ob es dir lieber ist, wenn du stempeln gehst, das weiß ich nicht".

Stockinger schwieg. Was hätte er auch sagen sollen? Wie die Dinge lagen, hatte der Chef zweifellos recht. Auch er war ja einem höheren Gebot unterstellt.

So einigten sie sich darauf, daß man eben nichts machen könne, auch wenn auf jeder Seite der gute Wille ist. Der Besitzer ließ das Gespräch in die väterliche Mahnung ausklingen, daß ihm der Stockinger nicht die Leute aufhetzen solle, was ja kein Dank dafür sei, daß er ihm schließlich fünfunddreißig Jahre lang einen Arbeitsplatz gesichert hätte.

So, nun hatte er es.

Wenn einer wie der Stockinger so übrigbleibt, was hat er dann für einen Ausweg? Wäre er jünger, könnte er noch den Arbeitsplatz wechseln und, wenn es sein muß und er noch genügend Kraft hätte, könnte er den Beruf wechseln. Und wenn aus seiner Schnitzerei etwas geworden wäre, könnte er vielleicht recht und schlecht davon leben. Wenn, aber, vielleicht! Ein Trost ist es immerhin, denkt er manchmal, daß er wenigstens keine Waffen erzeugen muß. Aber weiß er, was noch kommt?

Wir lassen den Stockinger jetzt allein. Auch wir können ihm nicht helfen. Einer allein kann sich nie helfen. Es müßte eines Tages viele geben, die so denken wie der Stockinger, dann nützt es was. Das müssen die Jungen packen, denkt der Stockinger, wenn es ihm besser geht. Er muß seinen Trott fortsetzen und kann nur davon träumen, daß es einmal anders wird. Es ist sicher nicht der beste Weg, wenn einer nur im Rausch träumen kann, aber der Stockinger hat keinen besseren gefunden.

Hanni Schaaf Die Entscheidung

„Du mit deiner blödsinnigen Statistik. Paß bloß auf, daß du beim Zählen nicht überschnappst."

Im Vorbeigehen stieß Willi Heck seinen Kollegen freundschaftlich in die Seite. Horst Ullmann, der vor dem schwarzen Brett neben dem Eingang der Blechschlosserei stand und eine weiße Kartonplatte mit einer rot aufgemalten „177" befestigte, drehte sich um und hielt ihm die Hand vors Gesicht:

„Noch vier Tage, dann gibt's Kohle", sagte er und rieb dabei den Daumen gegen den Zeigefinger.

„Mhm!" brummte Willi Heck abweisend, schob die Hand beiseite und ging zu seinem Arbeitsplatz.

Zugegeben, die Blechschlosserei war nun einmal die Abteilung des großen Chemiewerks, in der seit Jahren die weitaus meisten Unfälle geschahen. Und daran hatten bisher auch die vielen bunten Plakate, die Aufklärungsaktionen und die verstärkten Kontrollen der Sicherheitsingenieure wenig ändern können.

Zweifellos war ein Teil der Unfälle auf die vielen kleinen Nachlässigkeiten zurückzuführen, die sich in den Arbeitsalltag einschleichen. Ohne Frage war aber auch der Umgang mit den vielen verschiedenartigen Maschinen in wechselnder Folge unfallträchtig. Das zu verarbeitende Blech hatte häufig rasiermesserscharfe Kanten, die leicht Schnittverletzungen verursachen konnten. Und hinzu kam die Hektik, in der die Arbeit oft verrichtet werden mußte. Immerhin waren die dreißig Beschäftigten dieser Abteilung zuständig für die Versorgung des gesamten Chemiewerks mit allem, was aus Blech hergestellt werden konnte. Und wenn irgendwo die Produktion gestoppt werden mußte, weil z. B. eine Lüftungsrohrleitung gebrochen war, dann waren in der Blechschlosserei „die Puppen am Tanzen".

Nun hatte sich die Werksleitung im vergangenen Dezember eine neue Unfallverhütungsaktion einfallen lassen. Zusammen mit den guten Wünschen für die Festtage verkündete sie per Anschlag am schwarzen Brett:

„Wir haben uns entschlossen, die aktiven Bemühungen unserer Mitarbeiter um den Unfallschutz zu unterstützen. Falls es gelingt, in der Blechschlosserei vom 1. 1. bis 30. 6. des kommenden Jahres unfallfrei zu arbeiten, gewähren wir Prämien in Höhe von 3 x DM 500,—, die am 1. 7. unter den Beschäftigten dieser Abteilung verlost werden sollen."

„Fünfhundert Eier, kurz vorm Urlaub. Mensch, ist das toll", hatte Horst Ullmann begeistert geschwärmt.

„Vergiß sie", hatte Willi Heck zu bremsen versucht. „Sechs Monate ohne Unfall, das ist einfach nicht drin. Und außerdem: drei Prämien für dreißig Leute. Wer hat denn da eine Chance?"

Doch der Kollege war nicht zu überzeugen gewesen.

„Es soll Leute geben, die machen alles mies. Ich freue mich jedenfalls auf das Geld", hatte er getönt und befand sich damit in Übereinstimmung mit der Mehrheit.

Willi Heck war mißtrauisch geblieben und vermutete, daß die Prämienregelung irgendwo einen Haken hatte, der ihnen noch zu schaffen machen würde.

In den ersten beiden Monaten des neuen Jahres sah es jedoch so aus, als ob die Aktion erfolgreich verlaufen würde. Die Kollegen kontrollierten sich gegenseitig. Bald wagte es niemand mehr, ohne Sicherheitsschuhe zu arbeiten. Keiner der Langmähnigen ging ohne Haarschutz an die Bohrmaschine. Man trug die Brille beim Schleifen. Schmierölpfützen wurden sofort mit Sägemehl bestreut, der scharfkantige Blechschrott gleich weggeräumt.

Am 54. Tag hatte jemand die Idee, den Erfolg der gemeinsamen Anstrengungen deutlich sichtbar zu machen. Von nun an wurde jeden Morgen eine neue Zahlentafel am schwarzen Brett befestigt.

Tatsächlich blieb die Blechschlosserei bis zum 17. März unfallfrei. An diesem Tag durchschlug eine abrutschende Blechplatte den linken Schutzhandschuh des Schlossers Armin Müller. Er zog sich eine stark blutende Schnittverletzung zu, die eine Ausfallzeit von mindestens zwei Wochen zur Folge gehabt hätte. Nachdem die Kollegen ihren ersten Schrecken überwunden hatten, gelang es ihnen, den Mann von der Harmlosigkeit des Unfalls zu überzeugen. Er verzichtete auf den Arztbesuch. Die Kollegen übernahmen seine Arbeit. Bis zu seiner Genesung saß er in einer sichtgeschützten Ecke der Werkstatt und löste Kreuzworträtsel. Die Statistik blieb sauber.

Am 124. Tag schlug sich Klaus Goris mit dem Hammer auf den Daumennagel der linken Hand. Sofort staute sich Blut unter dem Nagel und verursachte Druckschmerzen, die im Verlauf der nächsten Stunden immer unerträglicher wurden. Sein erst forsch und wiederholt vorgetragener Spruch: „Ich verhalte mich solidarisch mit euch", wurde immer leiser. Als er die Schmerzen nicht mehr aushalten konnte, hatte er eine „glänzende" Idee. Er ging zur Materialausgabe, holte sich den Spiralbohrer mit dem geringsten Durchmesser, spannte ihn in die Säulenbohrmaschine ein und bat zwei stämmige Kollegen, sich neben ihn zu stellen, um ihn notfalls aufzufangen. Dann schaltete er die Maschine ein, drückte den lädierten Daumen auf die Arbeitsplatte und betätigte mit der rechten Hand den Hebel. Langsam bewegte sich der schnelldrehende Bohrer auf den Daumennagel zu, erreichte und durchstieß ihn. Blut spritzte. Klaus Goris fuhr den Bohrer wieder hoch und stellte die Maschine ab. Dann erst sah er, daß der Kollege links neben ihm ohnmächtig zu Boden gegangen war.

Später wurde über das Ereignis viel gelacht, und der Verletzte war eine Zeitlang der Held der Schlosserei. Der Unfall blieb ohne Folgen, wenn man davon absieht, daß der Daumennagel über Monate verunstaltet blieb. Selbstverständlich übernahmen auch hier die Kollegen für eine angemessene Zeit die Arbeit. Die Statistik blieb weiter makellos.

Das erste Halbjahr hatte 181 Kalendertage, und, abgesehen von den beiden vertuschten Vorfällen, war die Blechschlosserei nun wirklich 177 Tage unfallfrei geblieben.

Man kann nicht sagen, daß jetzt eine Art Endspielfieber ausgebrochen war. Aber eine leichte nervöse Spannung schien sich doch auszubreiten.

Nur Willi Heck war immer noch nicht von den Vorteilen der Prämienregelung überzeugt, hatte es aber längst aufgegeben, über seine Bedenken zu reden.

Am 178. Tag des Wettbewerbs durchbrach um 10.43 Uhr unweit des Chemiewerks in zehntausend Meter Höhe ein Düsenjäger die Schallmauer. Der explosionsartige Knall übertönte mühelos die Arbeitsgeräusche der Schlosserei. Einen Augenblick lang dachten die meisten Schlosser an eine Katastrophe auf dem Werksgelände und warteten fluchtbereit auf den Heulton der Sirenen. Irgendwo rutschten scheppernd Blechformteile von einem Arbeitstisch, klatschten auf den Betonboden.

In der darauffolgenden Stille dann Walter Kochs halb unterdrückter Schrei. Sie sahen, wie er plötzlich mit dem Oberkörper vornüber kippte auf eine der schweren Richtplatten.

„Mein Bein! — Mein Bein!“

Willi Heck erreichte ihn als erster, entdeckte sofort den dünnen, schmalen, spitz zulaufenden Zinkblechstreifen, der das Hosenbein des Kollegen zerschnitten hatte und in den rechten Wadenmuskel eingedrungen war. Vorsichtig berührte er das Metallstück und zog es schließlich so behutsam wie möglich aus der Wunde.

Als die Kollegen den Unfallort erreichten, hatte er schon das Hosenbein hochgekrempelt. Die nur schwach blutende, etwa einen Zentimeter lange Schnittverletzung sah recht harmlos aus.

„Hol den Sani, der Mann muß ins Krankenhaus“, herrschte Willi Heck den Nächststehenden an. Der wandte sich auch zum Gehen, doch da hielt ihn Horst Ullmann zurück:

„Moment! — Hier werden aus Mücken keine Elefanten gemacht. Der Sani lacht uns aus, wenn wir dem mit sowas kommen. Für das Kinkerlitzchen braucht man doch nicht einmal ein Stück Pflaster.“

„Der Schnitt ist tief“, warnte Willi Heck.

„Du willst uns bloß die Prämie versauen, warst ja schon immer dagegen“, konterte Horst Ullmann.

Armin Müller mischte sich ein: „Walter, versuch doch mal, ob du gehen kannst."

Walter Koch richtete sich langsam auf, stand endlich, bewegte vorsichtig das verletzte Bein, ging tastend einige Schritte.

„Es brennt ein bißchen. Aber sonst –".

Er stampfte ein paarmal auf den Boden. „Ich glaube, ich habe nochmal Glück gehabt."

„Siehste!" sagte Horst Ullman. „Und unser Miesmacher wollte dich schon zum halben Krüppel machen. Setz dich und leg dein Bein hoch. Wir regeln das hier schon. Soll dein Schaden nicht sein."

Zögernd ging Walter Koch zur sichtgeschützten Werkstattecke.

„Des Menschen Wille ist sein Himmelreich", seufzte Willi Heck und ging wieder an seine Arbeit.

„178 Tage unfallfrei", leuchtete es am nächsten Morgen rot vom schwarzen Brett. Daran, daß das nicht stimmte, erinnerten sich die meisten erst wieder, als Walter Koch leicht humpelnd durch die Werkstatt ging und in der Ecke verschwand.

„Tut nun doch ein bißchen weh", sagte er verkniffen lächelnd, als er an Willi Heck vorbeiging.

„Ich habe dich gewarnt", gab der zurück.

„Aber ich kann euch doch nicht die Prämie vermasseln, so kurz vor Toresschluß."

„Du Armleuchter!" kommentierte Willi Heck.

Gegen Mittag beobachtete er, wie Walter Koch zu den Wasch- und Umkleideräumen humpelte und kurze Zeit später mit einem Handtuch zurückkam, das er offensichtlich angefeuchtet hatte. Sieht nach Fieber aus, dachte er.

Die Kartonplatte, die Horst Ullmann am 29. 6. ans schwarze Brett heftete, war doppelt so groß als die vom vorhergegangenen Tag. Weithin leuchtete die rote Zahl „179".

„Noch zwei Tage", sagte Horst Ullmann allen Kollegen, die es wissen wollten, und viele hätten sich sicher gefreut, wäre da nicht Walter Koch gewesen, der deutlich stärker humpelte. Er ging nicht, er schlich durch die Werkstatt. Sein Gesicht war blaß, die Augen glänzten fiebrig.

„Verdammt noch mal! Du mußt zum Arzt", schrie ihn Willi Heck an, als er sich an ihm vorbeiquälte. Doch der Verletzte winkte ab. „Ich halte schon noch durch."

Am Abend dieses Tages konnte Walter Koch nicht mehr allein aufstehen. Zwei Kollegen stützten ihn, als er die Halle verließ. „Großartig, wie der Walter sich hält", sagte Klaus Goris anerkennend.

Willi Heck warf ihm einen zornigen Blick zu. „Du bist unmenschlich", giftete er ihn an.

„Ausgerechnet ich muß mir das von dir sagen lassen. Wo ich doch mit meinem Daumen . . ."

„Ja, ja, ich weiß, du Held der Saison. — Weißt du was? Ihr könnt euch die Prämie sonstwo hinstecken. Ich will sie gar nicht haben."

„Dir würd' ich sie auch am allerwenigsten gönnen."

Wütend stampfte Klaus Goris davon.

Am nächsten Morgen trugen sie Walter Koch in die Werkstatt. Die Kollegen schwiegen betroffen. Selbst Horst Ullmann, der die „180" auf das schwarze Brett geheftet hatte, vergaß das Zählen.

„Ihr hättet ihn besser gleich nach dem Unfall erschlagen", sagte Willi Heck empört. „Dann brauchte er wenigstens nicht so furchtbar zu leiden."

„Dann geh doch, geh doch, hol den Sani", gab Horst Ullmann gereizt zurück. „Aber, dann laß dich bloß nicht mehr hier blicken. Wir halten hier nämlich zusammen."

„Schöne Kumpanei, die riskiert, daß einer der ihren draufgeht", höhnte Willi Heck.

Ringsum betretene Gesichter.

„Aber es ist doch nur noch dieser eine Tag", versuchte Armin Müller zu vermitteln. „Der Klaus und ich, wir haben schließlich auch aufs Krankfeiern verzichtet."

„Saublöd seid ihr!"

„Nun hör aber auf, Willi", mischte sich Klaus Goris ein. „Du tust bald so, als ob wir jemanden umbringen wollten. Der Walter will doch gar nicht zum Arzt. — He! Walter! Sollen wir den Sani holen?"

„Nein, nein. — Laßt man. — Die paar Stunden. — Ich schaff' das schon."

Alle spürten, wieviel Mühe es Walter Koch bereitete, die wenigen Sätze zu sprechen.

„Hör mal, Walter", sagte Horst Ullmann. „Wenn du durchhältst — wir spendieren dir auch eine der drei Prämien."

Er blickte die Kollegen nacheinander an. Einige nickten zustimmend. Walter Koch lächelte erschöpft.

„Verbrecher!" zischte Willi Heck und wandte sich ab.

In diesem Augenblick erschien der Sicherheitsingenieur des Werks zu einer der üblichen Routinekontrollen.

„Na, meine Herren, alles in Ordnung?" fragte er leutselig. „Heute Abend habt ihr's ja geschafft. Dann fließt der Sekt doch wohl in Strömen, oder? Ich hab's schon immer gesagt: Unfälle müssen nicht sein. Man braucht nur aufzupassen. Was ihr ja glänzend bewiesen habt. Soll ich euch mal sagen, was ihr der Firma eingespart habt? Ich habe hier die Statistik der ersten sechs Monate des vergangenen Jahres."

Er zog einen Zettel aus der Tasche und las vor:

„Blechschlosserei

Beschäftigte:	30
gemeldete Unfälle	8
durchschnittliche Ausfallzeit	15 Arbeitstage

Kosten der Lohnfortzahlung zuzüglich Sozialabgaben
insgesamt 17.589 Mark und 43 Pfennige. —
Ohne die Löhne für die Ersatzkräfte."

Sorgfältig faltete er das Blatt Papier und steckte es weg. „Kosten in diesem Halbjahr: DM nullkommanull, wenn man von den fünfzehnhundert Mark Prämie absieht. — Na! Die hat sich doch gelohnt. — Oder?"

Einen Augenblick lang blieb es ganz still in der Werkstatt. Dann löste sich plötzlich Horst Ullmann aus dem Kreis, ging zum schwarzen Brett, riß das rote Zahlenplakat herunter und sagte ganz ruhig: „Klaus, hol den Sani. Sag ihm, er soll den Rettungswagen mitbringen."

Manfred Chobot Chips oder Der Erdianer Erwin

Wenn Erwin das Wort „Chips“ hört, denkt er an Kartoffeln. Mehr als 4,5 (in Worten: viereinhalb) Kartoffeln zu schälen, hält Erwin für die reinste Sträflingsarbeit. (Unter diese Kategorie reiht er ebenso Geschirrwaschen und Schuheputzen.) Zu seinem Leidwesen lehnt auch die Mutter Sträflingsarbeiten ab, sodaß es Erwin nicht immer gelingt, sich von haushälterischer Mitarbeit zu drücken. Insgeheim sieht er zwar ein, daß gewisse Arbeiten getan werden müssen, allerdings hat er sich entschlossen, diese Einsicht für sich zu behalten. Der Schmäh, sich dumm zu stellen, wurde zu seinem Bedauern längst als übler Trick entlarvt. Keine Frage — bei einer Volksabstimmung zur Frage „Ziehen Sie es vor, Kartoffeln zu putzen oder zu verputzen?“ bekäme die Erwin-Partei 99 Prozent Ja-Stimmen für „verputzen“; das restliche Prozent entfiele auf diverse Nulldiätverfechter und Fastenapostel.

„Wäre ich Entdecker, hätte ich längst das sich selbständig waschende Geschirr und die selbstschälende Kartoffel erfunden.“ Nach seiner Meinung befragt, erklärt Erwin runde 80,9 Prozent aller Erfindungen für unsinnig respektive überflüssig. (Eine Maschine namens Geschirrspüler zählt er nicht zu dieser Gruppe.) Erwin kneift ein Auge zu.

Der Mann in Tafelnähe fuchtelt mit der Kreide herum und wiederholt: „Chips.“ Im nächsten Sekundenbruchteil meldet Erwins Magen Hunger. Die Armbanduhr leuchtet digital 13.34 — augenblicklich flitzen Erwins Gedanken durch den Prater:

Hinter einem Verkaufspult hantiert ein Mann. Er entnimmt einer Wanne mit heißem Öl ein Sieb, kippt den Inhalt in ein Blechgefäß und streut Salz darüber. Unter seiner Nase befindet sich ein üppiger Schnurrbart, der widerspruchslos jeder Lippenbewegung seines Trägers folgt. Als Erwins Hand nach dem gehäuftvollen Stanitzel greift, fällt der obenauf liegende Kartoffelchip zu Boden. Erwin schließt die Augen. Irgendwo zwischen Nase und Hinterkopf hat sich der Geruch von heißem Fett und Cevapcici eingenistet. Aus finanziellen Überlegungen versagt sich Erwin den Ankauf einer Portion Cevapcici. Ersatzweise genießt er es, sich von dem vertrauten Geruch umarmen zu lassen. „Du entschuldige, i kenn di", klirrt ein Lautsprecher, und Erwin erspäht in seinem Stanitzel ein schwarzes Kartoffelauge. „Bist du net de Klane . . .", will der Lautsprecher wissen.

„Bin ich Kartoffelkäfer von Jugoslawien, kratz ich ab Haut für Freßlustige von frieh bis spät — jeden Tog. Bei uns keine Orbeit fir Branco. Bin ich Branco. Sagen mir: Bin ich Gast. Kann ich nikt glauben, weil is nikt wahr. Wahr is, daß bin ich billige Kartoffelschälmaschin. Gast nikt schält Kartoffeln."

Erwin nickt kauend und schnipst das übersehene Kartoffelauge über den Stanitzelrand. Erwin möchte nicht an Brancos Stelle sein. Kann passieren, denkt er und sieht über das übersehene Kartoffelauge hinweg. Erwin ist 15.

Zielstrebig steuert er seine Gestalt in die Spielautomatenhalle. Ein Chor vertrauter Geräusche begrüßt ihn. Behaglichkeit macht sich breit. „Rein ins Vergnügen", fordert eine innere Stimme, und Erwin gehorcht jede Woche mehrmals. (Die anachronistische Tafel „Jugendlichen unter 18 Jahren ist es untersagt . . ." übersieht er aus Gewohnheit.) Bei einem eventuellen Eltern-Verhör würde Erwin höchstens ein halbes Mal pro Woche zugeben. Wenn die Eltern wüßten, daß ihr Sohn fast täglich Automaten spielen geht, wäre ein mordstrumm Krach unvermeidlich. („Besser einmal lügen — als keinmal spielen.") Erwin hat sich selbst versprochen, schweigsam wie ein Grab zu sein. Die Musikbox in der Spielhalle plärrt wie beauftragt — neue und alte Schallwellen schwappen über die Köpfe der Spieler. In der rauchig-schweißgetränkten Luft der Automatenhalle herrscht die Regel: Reden ist Silber — Schweigen ist Gold.

Ein Geldschein wird in Münzen gewechselt. Zum Aufwärmen füttert Erwin das „Autodrom Monza" mit einem Zehner. Der

Apparat frißt ihm aus der Hand, und Erwin verursacht in fünf Rennen nur einen einzigen Unfall. Nach einer Rekordfahrt scheint die Zeit reif, und er wechselt — nicht ohne das teure Tier getätschelt zu haben — zur „Invasion aus dem Weltall". Auf dem Bildschirm teufelt jede Menge feindlicher Raumschiffe umher . . . sobald eines getroffen wird, zerplatzt es, daß es nur so zischt. Mit Genugtuung registrieren die Ohren des Schützen jenes Geräusch. Durch Reaktionsschnelligkeit und geschicktes Taktieren gelingt es dem Erdmenschen, daß die eigene Weltraumbasis unversehrt bleibt. Konzentriert bearbeitet Erwins Körper das Gerät. Der Erdianer Erwin kämpft, was das Zeug hält; zum Kopfzerbrechen bleibt keine Sekunde Zeit. Die erzielte Trefferquote liegt um Klassen über dem Durchschnitt. („Übung macht den Meister", lautet ein vertrauter Spruch. Beifälliges Kopfnicken.) Im Polytechnischen Lehrgang begnügt sich Erwin mit durchschnittlichen Leistungen.

Nach gezählten siegreichen Schlachten ist der nächste Geldschein an der Reihe, gewechselt zu werden. Entsprechend seinen Fähigkeiten als Automatenspieler könnte Erwin als Profi gelten. Da er aber aus dieser Beschäftigung keinen finanziellen Vorteil zieht, erfüllt er die Voraussetzungen eines olympischen Amateurs. Was allerdings seine Berufswahl anbelangt, hängt Erwin nach wie vor in der Luftleere seiner Unentschlossenheit. Das Problem wäre längst gelöst, gäbe es die Möglichkeit, den Beruf „Automatenspieler" zu ergreifen. (Die Lehrjahre hätte er bereits hinter sich gebracht.) Noch gibt Erwin die Hoffnung nicht auf, daß seine Tätigkeit dereinst als vollwertiger Beruf anerkannt werden wird. Bis dahin heißt es für ihn jedoch, sich nach einem anderen Broterwerb umzusehen.

Eine Maschine zu dominieren, sich mit ihr zu messen, gibt Erwin Berge . . . ein ganzes Gebirgsmassiv — ein herrlich-beherrschendes Gefühl von Befriedigung. Unvermittelt setzt sein elektronischer Kontrahent fliegende Untertassen ein. Erwin und der Apparat unterhalten sich angeregt miteinander. Bei jedem Treffer antwortet der Automat mit einer Detonationsnachahmung.

„Mikrochips“, erläutert der Fachmann vorne an der Tafel, „sind winzige Siliciumplättchen von der Größe weniger Quadratmillimeter, die auf kleinstem Raum eine Vielzahl hochintegrierter Schaltkreise enthalten. Es handelt sich dabei um integrierte Bausteine, die alle elektronischen Funktionen erfüllen können.“

Bei jedem Fehlschuß jault Erwin auf — der Apparat kontert mit Schweigen. Spielend wird aufkommender Hunger besiegt. Gierig verschlingt der Automat eine Münze nach der anderen.

„Die Raumschiffe auf dem Bildschirm entstehen durch das Auftreffen eines Kathodenstrahls auf der fluoreszierenden Schicht einer Braunschen Röhre.“

In Erwins Gehirn blitzt ein Gedanke auf: Die Speicherzellen deponieren ihre Absicht, sich intensiver mit der Funktionsweise von Erwins Lieblingsspielzeug auseinanderzusetzen. Was steckt hinter den feindlichen Raumschiffen? Neue Dimensionen tun sich auf. Erwin vergleicht sich mit einem Sportler, der nach Beendigung seiner aktiven Laufbahn einen Posten als Trainer annimmt.

„Die Mikroelektronik ist drauf und dran, unser aller Leben von Grund auf zu verändern“, hört Erwin den Spezialisten prophezeien. „Bereits heute wird kaum ein elektronisches Gerät gebaut, welches ohne Mikrochip das Auslangen findet: kein Taschenrechner, kein Fernseher, keine Digitaluhr, kein Verstärker, kein Tonbandgerät, keine Waschmaschine, kein Geschirrspüler . . . die Liste läßt sich beliebig fortsetzen. Wie bereits erwähnt, liegen die Vorteile von Mikrochips in ihrer faszinierend vielseitigen Anwendbarkeit und in ihren niedrigen Herstellungskosten. Auf dem Markt angeboten werden derzeit Chips zwischen 16.000 und 64.000 Speicherzellen. Ein 16-K-Chip (mit rund 16.000 Einheiten) kostet etwa 35,— Schilling. Beim gegenwärtigen Stand der technischen Entwicklung ist es bereits möglich, über 256.000 Speicherzellen auf einem einzigen Chip unterzubringen. Diese Chips sind jedoch noch im Versuchsstadium und noch nicht im Handel erhältlich.“

Erwins Hirn rotiert. Er beginnt sich umzuhorchen und Nachforschungen anzustellen. Mit jedem weiteren Schritt wird seine

Faszination gemästet. Erwin erfährt bei den Treffen Gleichgesinnter, daß Hexerei mathematisch berechenbar ist. Er lernt die Zauberworte: STACK-Speicher, FLAGS-Register, PROGRAMM-Counter, BEFEHLS-Decoder, SYSTEMBUS, ROM und REM (was weder mit der Stadt am Tiber noch mit den sagenhaften Zwillingen Romulus und Remus verwandt ist). Unterhaltungen werden in ALGOL oder FORTRAN geführt, die jeder entsprechende Computer kapiert. Erwin steht das Hirn. Abrakadabra — mit zehn Fingern rechnet er sich aus, daß die Zukunft in der Hand der Mikroelektronik liegt.

Der Prophet an der Tafel zählt — in unvollständiger alphabetischer Reihenfolge — Berufe auf, die dem wachsenden Einsatz der Mikroelektronik zum Opfer fallen werden: Beamter, Betonierer, Buchhalter, Drucker, Fräser, Hilfsarbeiter, Kassier, kaufmännischer Angestellter, Lackierer, Lehrer, Lohnverrechner, Schweißer, Sekretärin, Setzer, Verkäufer . . . der Fachmann malt zunehmende Arbeitslosigkeit an die schwarze Tafel. Von der Wand sehen ein Kreuz und eine Präsidentenfotografie hilflos zu.

Ein Mitschüler meldet sich zu Wort und spendet trostreiche Worte; vernachlässigte Berufe könnten reaktiviert werden, wie zum Beispiel Pfarrer und Sozialarbeiter. (Womit er bei seinen Kollegen einen ungeahnten Heiterkeitserfolg erzielt.) Als Alternative bietet er an: Umschulung oder Arbeitslosigkeit.

Erwin denkt an Branco. Was wird er wohl machen, wenn eine Maschine seine Arbeit verrichtet? Welche Chance hat er, der Arbeitslosigkeit zu entkommen?

Es wird nachgewiesen, daß Umschulung nur begrenzt möglich ist. Wozu sollte man einen Kassier zum Buchhalter umschulen, wenn beide Tätigkeiten von einem Computer besser und schneller durchgeführt werden können? Eine Vielzahl von Berufen wird überflüssig werden, ohne daß neue an deren Stelle treten. So werden in absehbarer Zukunft Kassiererinnen im Supermarkt überflüssig werden — allerdings nicht, weil dann alles gratis wäre. Von einem elektronischen Lesegerät wird der aufgedruckte Zahlen- und Strichraster des gekauften Artikels abgetastet, und nach

Eingabe von Code und Kontonummer wird dem Kunden der Rechnungsbetrag automatisch von seinem Konto abgebucht. Der Fachmann an der Tafel reiht Fakt an Fakt.

Erwin lernt, mit BITS zu hantieren. Bit, die Kurzform für „binary digit" (Binärzeichen), ist die Maßeinheit für den Informationsgehalt eines Einzelzeichens in einer geschriebenen oder signalisierten Nachricht. Werden die Buchstaben des Nachrichtenalphabets durch Binärzeichen, in der Elektronik durch „aus" und „ein" bzw. 0 und 1, dargestellt, so ist der durch ein solches Binärzeichen gegebene Informationsgehalt gleich 1 Bit.

Durch die Möglichkeit, mittels Telefon und Fernsehkabel Warenangebote wahrzunehmen, das heißt vom Fernsehfauteuil aus einzukaufen, werden Isolierung und Vereinsamung der Menschen weiter zunehmen. Kontaktarmut und Kommunikationsprobleme entstehen, wenn Menschen nicht mehr mit Menschen, sondern mit Maschinen Umgang pflegen. Wahrlich — ein reiches Betätigungsfeld für Sozialarbeiter tut sich auf. Einer meint dazu: Das käme ihm vor, wie Armabhacken, damit die Chirurgen ihrer Aufgabe — Arme anzunähen — nachkommen können.

Der Fachmann an der Tafel nimmt die Kreide zu Hilfe: Mikroprozessoren sind das Herz eines Computers; sie haben eine Funktion, sind programmierbar und manipulierbar. Die Kosten eines Mikroprozessors liegen zur Zeit bei etwa 180,— Schilling. Durch den Einsatz von Computern eröffnet sich die Möglichkeit, das Verhalten jedes Menschen lückenlos zu erfassen. Ein Computer besteht aus folgenden Bauelementen: Mikroprozessor, ROM (Lesespeicher), REM (wahlfreier Zugriff, nämlich Lese- oder Schreibspeicher), Tastatur, Ausgabegerät (Bildschirm oder elektronisches Schreibgerät). Einer Überwachung und Kontrolle stehen alle elektronischen Türen offen. Bei einer Bestellung via Fernsehkabel oder bei elektronischer Warenabrechnung sind von jedem Menschen an Daten eingegeben: Zahl, Häufigkeit und Art seiner Einkäufe, seine Reisen, sein Leseverhalten, seine Bankverbindungen und Mitgliedschaften, seine Freizeit und und und — jede seiner Gewohnheiten, seine sämtlichen Schritte können aufgezeichnet, gespeichert und bei Bedarf abgerufen, interpretiert und zu seinem Nachteil eingesetzt werden. Die technischen Pläne, sämtliche Telefongespräche jedes Teilnehmers nach angewählter Nummer, Länge, Häufigkeit zu speichern, liegen einsatzbereit in den Safes. Die mikroelektronische Entwicklung ist nicht zu stoppen, beeinflußbar ist hingegen ihr Einsatz.

Erwin kommuniziert mit dem Christkind: Ob es möglich sei, den Heimcomputer der Type PET zu bekommen? Die Eltern hören mit und verstehen BAHNHOF — und sie weigern sich entschieden, dieses „prima elektronische Trumm" anzuschaffen. So bleibt Erwin vorläufig ohne elektronisches Haustier. „Für ein Spielzeug geben wir nicht soviel Geld aus", beharren sie, „das können wir uns nicht leisten." Basta.

Erwin weiß sich zu helfen und tröstet sich über die Runden, indem er mit Einfällen den Kapitalmangel austrickst. Abgesehen von einer Sendesuchvorrichtung sind für ein Radio lediglich ein Kondensator und ein Chip erforderlich. Erfindungsreichtum ermöglicht Fortschritt. Erwin sieht sich um Alternativen um.

Der Prophet an der Tafel äußert die Vermutung, daß es im westlichen Wirtschaftssystem schwieriger sein wird, mit der elektronischen Revolution zurechtzukommen, weil hier die Mikroelektronik zur Leistungssteigerung und Profitmaximierung eingesetzt wird, nicht aber zur Befreiung des Menschen von unmenschlicher Arbeit. „Beim Barte des Propheten!" Statt Bart trägt der Prophet Anzug und Krawatte.

Einmal kapiert, findet Erwin das Erstellen von Programmen einfacher als mit einem Boot nach Amerika zu rudern (oder über den Ärmelkanal zu schwimmen).

Eine Horrorvision tut sich auf, und Erwin kommt ins Schwimmen. Ihm wird angst und bange, sollte der Prophet recht behalten: Eine überschwappende Arbeitslosigkeit stellte die „beste" Voraussetzung dar, einen Krieg anzuzetteln. Käme in solch einer Situation einer, der — die vorhandene Unzufriedenheit ausnützend — einen Buhmann erfindet, eine Gruppe Schuldiger, die angeblich für diesen Zustand verantwortlich sind, denen dafür die

Schuld angedichtet wird, und gelänge es ihm weiters, die öffentliche Meinung auf seine Seite zu ziehen (was mittels elektronischer Massenmedien wirkungsvoll durchführbar ist) — es stünde schlecht um uns alle. Für das Heer der Arbeitslosen hätte sich eine Beschäftigung gefunden . . . zu kämpfen und zu töten. Den Überlebenden bliebe die Arbeit des Wiederaufbaus. Daß es dazu nicht kommen möge, vermag nur der gemeinsame Wille verhindern, die Bereitschaft und Anstrengung aller, den Frieden zu erhalten.

Der Kalender vermerkt „Frühlingsbeginn", und Erwin registriert Veränderungen. Es war an der Zeit, den Winter zu entlassen. Erwin listet im Geist jene Berufe auf, die durch einen verstärkten Einsatz der Mikroelektronik überflüssig werden und zum Aussterben verurteilt sind. Unvermittelt decodiert seine Wahrnehmung: Mann gräbt Pflanzen in die Erde. Erwin bleibt stehen und sieht dem Gärtner bei seiner Arbeit zu. Der Mann beobachtet Erwin, während er weiterarbeitet. Mit einem Spaten hebt der Mann ein kreisrundes Loch aus. Hinein setzt er einen Strauch und füllt Erde nach. Genug geschwiegen: „Hast du schon die Knospen des Flieders gesehen?" Erwin könnte einen Flieder niemals an seinen Knospen erkennen. „Das ist ganz einfach. Schau her." Erwin speichert den Unterschied zwischen Flieder, Forsithia und Laburnum. Der Gärtner übersetzt Laburnum mit „Goldregen". „Hübsch sind die Knospen", bemerkt Erwin. Der Gärtner nickt, „was meinst du, weshalb ich diesen Beruf gewählt habe. Womit man sich den ganzen Tag beschäftigt, soll einem doch Spaß machen." Manche Knospen sind schon halb geöffnet, sodaß man bereits das junge Blatt erkennen kann. Erwin ist begeistert. Darauf hatte er vorher nicht geachtet. Der Mann nimmt den nächsten Setzling. Mit einer Astschere zwickt er die Spitzen der Hauptwurzeln ab: „Damit die Pflanze Haarwurzeln ausbildet. Dadurch wächst sie schneller." Der Gärtner behauptet, man könne sich einer Pflanze verständlich machen, so man den entsprechenden Code kenne. Erwin sinniert, wie das Programm aufgebaut sein mag, das den Jahreszyklus einer Pflanze regelt: knospen, blühen, entlauben. Der Gärtner füllt das Erdloch bis zum Rand mit Wasser. „Wenn das Wasser versickert ist, kann man die restliche Erde draufschütten." Mit den Händen drückt der Mann Erde nach. Er errät Erwins Gedanken. „Die Erde ist nicht schmutzig. Dreckig sind Chemikalien und Farben und Motoröl." Erwin überlegt, ob der Prophet den Beruf eines Gärtners erwähnt hat. „Hier, für dich", unterbricht der Mann Erwins Erwägungen und drückt ihm eine Topfpflanze in die Hand. „Du mußt dich mit ihr beschäftigen." Erwin wird sie gießen und ihr Wachstum beobachten. Dann wird er seine Berufswahl getroffen haben.

Walter Wippersberg

Die eigenen und die fremden Träume

Werner stand fast schon eine Viertelstunde vor der Kreissäge. Immer noch zögerte er es hinaus, sie einzuschalten, sie kreischte nämlich so laut, daß er das Telefon bestimmt nicht hören würde. Es stand oben im Büro und war hier in der Werkstatt, auch wenn alle Maschinen ausgeschaltet waren, kaum zu hören. Der Chef war zum Glück nicht da, und der alte Schörkhuber war hinten bei der Furnierpresse.

Aber ich kann nicht den halben Vormittag nur so dastehen, dachte Werner. Sie wird, redete er sich ein, bestimmt nicht gleich wieder auflegen. Sie weiß ja, daß das Telefon oben im Büro . . ., bestimmt wird sie's eine Weile klingeln lassen, und wenn ich die Bretter ganz schnell abschneide . . .

Die Anschlagleiste war längst eingestellt. Einschalten! Die Hände weit genug vom Sägeblatt entfernt: So war es ihm vom Chef immer wieder eingetrichtert worden, vor allem aber vom alten Schörkhuber, dem selbst drei Finger an der rechten Hand fehlten. Vier schmale Bretter nur. Jedesmal änderte die Säge ihren Kreischton, wenn die Zähne sich ins Holz fraßen. Den Schalter rasch wieder umlegen. Das Sägeblatt lief lange nach, leiser werdend, fast stumm zuletzt.

Werner horchte. Nichts. Kein Telefon. Gar nichts. Er hatte keine halbe Minute für die vier Bretter gebraucht, so lange hätte sie es bestimmt klingeln lassen, dachte Werner. Und dann: Falls sie überhaupt anruft.

Sie hatte es versprochen. „Ganz egal, ob ich wegfahr oder nicht", hatte sie gestern abend gesagt, „ich ruf dich auf jeden Fall am Vormittag an."

Werner hatte sich genau zurechtgelegt, was er ihr sagen würde. Er würde sie gar nicht zu Wort kommen lassen, sondern gleich selber reden. Ihr endlich sagen, was sie seit Monaten von ihm hören wollte. Daß er nicht ewig bei der Tischlerei bleiben würde, daß er sich jetzt wirklich entschlossen, daß er sich sogar schon erkundigt habe, was er alles . . .

Grad heut wird sie das gar nicht interessieren! dachte Werner jetzt, aber er schob den Gedanken schnell beiseite. Ich verspreche ihr, was sie will, wenn sie nur heute nicht mit denen wegfährt, alles andere werden wir dann schon . . .

Er wußte nicht, ob er das Versprechen, das er Helga geben wollte, wirklich ernst meinte. Wahrscheinlich war es zu früh dafür. Nach der Gesellenprüfung, ja, da würde sich dann — so oder so — etwas ändern, der Chef würde ihn nicht behalten, der Betrieb war zu klein für zwei Gesellen. Werner selbst überlegte — wenn auch aus anderen Gründen als Helga — oft genug, ob er nach der Gesellenprüfung den Beruf nicht wechseln sollte. Er hatte sich, als er vor zwei Jahren als Lehrling angefangen hatte, die Arbeit in der Tischlerei anders vorgestellt. Eher wie die Bastelarbeiten zu Hause in der Werkstatt seines Vaters, wo jedes Stück, das gebaut wurde, ein Einzelstück war, das gelingen, nur halb gelingen oder auch mißlingen konnte. Hier dagegen mußte Werner manchmal dreißig Fensterstöcke zusammenzimmern, so primitiv wie möglich, weil sie billiger sein mußten als die fertiggekauften aus dem Lagerhaus. Alle Außenarbeiten, das Küchen-Montieren und das Schrankwände-Anpassen, erledigte der Chef selbst, der lieber unter Leuten war als hier in der Werkstatt. Und wenn einmal richtige Tischlerarbeit anfiel, dann machte das der alte Schörkhuber. Für Werner blieb nur, was auch ein Hilfsarbeiter gekonnt hätte.

Obwohl er jetzt nichts tat, als auf das Telefon zu warten, zuckte er erschrocken zusammen, als er es wirklich hörte. Noch nie war er die Treppen so schnell hinaufgelaufen, aber dann war am Telefon nur eine Männerstimme, die den Chef sprechen wollte. „Der ist unten im Dorf", sagte Werner, „im Gastzimmer beim Mader montiert er, glaub ich, eine neue Holzdecke. Wahrscheinlich kommt er erst am Abend wieder."

Werner selbst konnte Helga nicht anrufen. Der Chef steckte

jedesmal, bevor er wegfuhr, ein kleines Schloß in eines der Löcher der Wählscheibe. Auf seine Kosten habe niemand zu telefonieren, er wisse ohnehin nicht, wie er seine Rechnungen bezahlen solle. Und wenn's einmal brennen sollte, dann könnte Werner ja schnell ins Wohnhaus hinüberlaufen und von dort aus die Feuerwehr rufen.

Als Werner wieder hinunter in die Werkstatt kam, saß der alte Schörkhuber auf einem halbfertigen Küchenschrank und schnitt ein Stück von einem Wurstbrot ab. „Halb zehn vorbei", sagte er zu Werner. „Pause. Der Mensch muß was essen, wenn er die zehn Jahre bis zur Rente noch überstehen will." Er sagte immer „der Mensch", wenn er sich selber meinte. Das Messer hielt er in der rechten Hand, zwischen Daumen und Handfläche festgeklemmt. Wie geschickt er auch ohne die drei Finger mit allen nur möglichen Werkzeugen umgehen konnte, darüber wunderte sich Werner auch nach zwei Jahren noch.

Obwohl er keinen Hunger hatte, setzte er sich zu ihm, und plötzlich fiel ihm ein, daß Helga ihn, als seine Hand zum erstenmal zwischen ihren Beinen gewesen war, gefragt hatte: „Und was machst du, wenn du dir einmal ein paar Finger abschneidest?"

Damals hatten sie darüber gelacht. Jetzt lachten sie kaum noch. Eigentlich gar nicht mehr. Schon seit ein paar Monaten nicht mehr. Und jedesmal, wenn Werner hörte, wie sie mit jemandem aus ihrer Klasse telefonierte und dabei lachte, wie sie früher mit ihm gelacht hatte, da war er nahe daran, einfach aufzustehen und wegzugehen. Ohne irgendein Wort. Aufstehen, gehen, nicht mehr wiederkommen.

Wenn sie heute wegfährt, dachte Werner, dann ist's sowieso aus und vorbei. Daß das alles ganz harmlos ist, das kann sie ihrer Großmutter erzählen, aber nicht mir . . .

Ihrer Großmutter: Ja, der konnte sie so etwas wirklich erzählen. Ihrer Mutter natürlich auch. Die beiden waren ja vernarrt in sie, bloß weil sie nächstes Jahr die Matura machen würde, was vorher noch keiner aus der Familie geschafft hatte. Helgas Mutter hatte ja immerhin die Handelsschule besucht, sie betonte das auch bei jeder

Gelegenheit, aber die Matura war eben doch noch was ganz anderes. Helgas Vater, selber Arbeiter in einer Gießerei, meinte manchmal, ohnehin nur ganz kleinlaut, daß mit der Matura allein ja noch nicht viel erreicht sei, aber dann fielen die Mutter und die Großmutter über ihn her. Die beiden taten manchmal, als hätte niemand vor Helga je die Matura gemacht. „Eingebildete blöde Weiber", sagte Werners Mutter manchmal. Und er selber war auf einmal ganz sicher, daß die beiden Helga zugeredet hatten, mit diesen Schulkollegen wegzufahren. Das andere Mädchen war immerhin die Tochter eines Mittelschulprofessors, von den beiden Burschen war der eine der Sohn eines Arztes, dem Vater des anderen gehörten, wenn Werner das richtig verstanden hatte, ein paar Juweliergeschäfte. Für die Mutter und die Großmutter jedenfalls ein weitaus angemessenerer Umgang als Werner, dessen Vater es mit Müh und Not zum Fahrdienstleiter bei der Bundesbahn gebracht hatte.

Sie hatten nie etwas gesagt, aber Werner wußte, daß sie so dachten. Und daß Helga auch so dachte. Sie schämte sich dafür, daß ihr Vater ein Arbeiter war. Immer erzählte sie, wenn sie schon von ihm reden mußte, daß er längst Angestellter hätte werden können, daß er aber in der Gießerei bleiben wollte, weil er dort viel mehr verdiente als im Büro. An ihm selbst nörgelte sie, von ihrer Mutter unterstützt, ständig herum, an seiner Art sich anzuziehen, zu reden, an allem eigentlich. Und immer hatte Werner diese Nörgeleien auch auf sich bezogen. Mit ihm sei das etwas ganz anderes, sagte Helga zwar, er könne ja noch beruflich weiterkommen, wenn er nur wollte. Beruflich weiterkommen. So nannte sie es. Hatte es wenigstens früher so genannt, denn in letzter Zeit — warum war ihm das nicht schon früher aufgefallen? — hatte sie kaum noch davon gesprochen. Wahrscheinlich seit sie den Arztsohn kannte.

Vielleicht ist es das beste, dachte Werner ganz ruhig, wenn sie heute mit denen fährt und wenn es dann aus ist mit uns.

Aber dann hörte er wieder das Telefon, er sprang auf, rannte die Treppe noch schneller hinauf als beim erstenmal, doch da war die

Männerstimme von vorhin wieder: Der Chef sei nicht beim Mader. „Dann ist er vielleicht auf der Gemeinde", sagte Werner nur und legte den Hörer rasch wieder auf. Es gab hundert Möglichkeiten, wo der Chef sein konnte. Er war Gemeinderat, Obmann von drei oder vier Vereinen, Kassier oder Schriftführer oder was immer in einem halben Dutzend anderer Vereine, dazu noch irgendwas beim Wirtschaftsbund. Eigentlich war es gar kein Wunder, daß der Betrieb schlecht ging, denn alle diese Pöstchen und Ehrenämter fraßen eine Menge Zeit.

Werner keuchte immer noch, so schnell war er gelaufen. Und eine Sekunde lang glaubte er den Gedanken, daß Helga heute abend mit diesem Arztsohn zusammen sein würde, nicht ertragen zu können. Sie würde mit ihm schlafen, natürlich würde sie das.

Unten saß der alte Schörkhuber, der so alt im Grunde gar nicht war, nur grau und zu jeder Tageszeit müde aussehend, immer noch auf dem Küchenschrank. Er grinste und wartete, ob Werner etwas sagen wollte. Aber Werner sagte nichts. Er mochte den alten Schörkhuber ganz gern, aber reden konnte man nicht mit ihm, weil er einem dauernd ins Wort fiel und zuletzt doch wieder nur von seinen Bienen redete. Nur seine Bienen interessierten ihn wirklich, wieviel Honig zu erwarten war, wann die Bienen schwärmten, wann ein Volk geteilt werden mußte, sonst nichts.

„Ich fahr hinunter ins Dorf", hörte Werner sich plötzlich selber sagen.

„Und der Chef reißt dir die Ohren ab, wenn er dich sieht", meinte der alte Schörkhuber.

Ich muß mit ihr reden, dachte Werner, als er die Arbeitsjacke auszog. Ich muß ihr sagen, daß ich das gestern ernst gemeint hab, daß es aus ist, wenn sie mit denen fährt.

Von der Haustür aus ein Blick hinüber zum Wohnhaus: Die Frau vom Chef war nicht zu sehen. Werner stieg auf sein Moped, fuhr die Straße hinunter zum Dorf. Er versuchte, sich etwas auszudenken für den Fall, daß der Chef ihn wirklich erwischte, aber es gelang ihm nicht. Egal, sagte er sich, irgendwas wird mir schon einfallen.

Auf der Brücke dann: Was ist, wenn Helga gar nicht mehr zu Hause ist? Wenn sie zum Segeln wollten, dann hatte es nicht viel Sinn, erst zu Mittag loszufahren. Zwei Tage Segeln: Das konnte Werner ihr nicht bieten. Wenigstens jetzt noch nicht. Es war eine Chance für sie. So hatte sie es gestern abend genannt. Immer öfter redete sie jetzt davon, was vielleicht eine Chance für sie sein könnte. Und daß sie jede Chance ergreifen mußte, das war klar für sie.

Vor einem Jahr noch war sie ganz anders gewesen. So schüchtern, daß sie sich kaum allein aus dem Haus getraut hatte. Sie war sich viel zu dick vorgekommen und weiß Gott was noch alles, jedenfalls war sie davon überzeugt gewesen, daß jeder nur lachte über sie. Und sie war mißtrauisch, fast feindselig gewesen, als Werner sich um sie bemüht hatte.

Jetzt ist sie nicht mehr dick, dachte er, und schüchtern ist sie auch nicht mehr. Aus irgendeinem Grund hat sie sich ziemlich verändert in diesem Jahr.

Werner fuhr langsam, fast im Schrittempo die andere Talseite bergauf. Er gab Gas, aber an der Abzweigung zur Siedlung hinauf blieb er stehen.

Ich hab mich selbst ziemlich verändert in diesem einen Jahr, dachte er und ärgerte sich auf einmal darüber. Er konnte es nicht beschreiben, nicht einmal für sich selbst, er wußte nur, daß er sich vor einem Jahr noch bei irgendeiner stumpfsinnigen Arbeit tausend verrückte Dinge ausgedacht hatte. Jetzt dachte er darüber nach, wie er „beruflich weiterkommen" konnte. Immer mehr hat er von dem zu träumen begonnen, wovon auch Helga und ihre Mutter und wahrscheinlich auch — für Helga — die Großmutter träumten. Von Urlaubsreisen, teuer eingerichteten Wohnungen und davon, von irgendwem beneidet zu werden. Von Dingen, die erreichbar waren, wenn schon nicht von ihm, so doch von irgendwem, einem Arztsohn zum Beispiel. Früher hatte Werner von unerreichbaren Dingen geträumt, überhaupt nicht an erreichbar oder unerreichbar gedacht. Er war viel verrückter gewesen noch vor einem Jahr. Und einmal hatte Helga das an ihm gemocht.

Werner stand am Straßenrand und wußte, daß er nicht hinauf zu Helga fahren würde. Sollte sie ruhig fahren, das spielte eigentlich gar keine Rolle mehr. Es war aus, war lange schon aus, Werner hatte es nur noch nicht bemerkt. Oder nicht wahrhaben wollen. Ein paarmal hatte er in den letzten Wochen darüber nachgedacht, wie das sein würde — „aus", jetzt wunderte er sich, daß er überhaupt nichts spürte. Er hatte sich eine Art Verzweiflung vorgestellt, manchmal auch eine Art Erleichterung, aber da war gar nichts, das eine nicht, das andere nicht und auch nichts dazwischen.

Ein paar kleine weiße Wolken am Himmel. Nicht zu heiß, nicht zu kalt. Ein nicht zu starker Wind. „Das ideale Segelwetter, stell ich mir vor", sagte Werner halblaut und dachte: Ich muß zurück in die Werkstatt, bevor mich der Chef wirklich erwischt.

Aber er hätte auch woanders hinfahren können, der Chef konnte ihn kreuzweise. Hätte er nur gewußt, wohin, so wäre er sofort losgefahren, aber ihm fiel nichts ein, also fuhr er in die Werkstatt zurück.

„Deine Helga hat angerufen", sagte der alte Schörkhuber, „kaum daß du draußen warst. Hast du sie getroffen?"

Werner schüttelte nur den Kopf.

„Sie fährt weg, hat sie gesagt. Sie ruft dich morgen am Abend an, gleich wenn sie wieder zurück ist."

„Gut", sagte Werner.

Bretter durch die Hobelmaschine laufen zu lassen, eines nach dem anderen, den ganzen Vormittag lang oder noch besser bis zum Abend, das kam Werner in diesem Augenblick verlockender vor als alles andere. Und die fremden Träume vergessen. Auch den Traum seines Vaters, mit dem Werner sich zuletzt fast angefreundet hatte: das Siedlungshaus endlich fertigzubekommen, ein Haus zu haben wie andere. Der Vater arbeitete auch nach dem Herzinfarkt immer noch weiter am Haus, machte alles selber, weil sonst das Geld nicht reichte. Und wahrscheinlich standen ihm noch ein, zwei Herzinfarkte bevor, ehe das Haus wirklich fertig war. Werner verstand, auch jetzt noch, den Traum seines Vaters, aber es war nicht sein eigener. Wie es auch nicht sein Traum war, auf eine Chance zu warten und beruflich weiterzukommen oder Bienen zu züchten oder in allen nur denkbaren Vereinen eine Rolle zu spielen. Das wenigstens wußte er wieder.

Seine eigenen Träume träumen wie noch vor einem Jahr. Wieder herausfinden, was für Träume das gewesen waren.

Er schaltete die Hobelmaschine ein und hob das erste Brett auf. Wenn etwas Gutes an einer stumpfsinnigen Arbeit war, dann das: daß man dabei träumen konnte.

Nicht zu sehr natürlich, dachte Werner, sonst sind, schneller als man denkt, ein paar Finger weg.

Ernst A. Ekker Ohne Vorurteile

Heute ist es endlich soweit. Die neue Kindergärtnerin wird kommen. Spätestens zu Mittag wird sie hier sein, hat sie geschrieben. Friedl Weber heißt sie; und Hanna, die Leiterin des Kindergartens, ist schon gespannt, wie sich die Neue einarbeiten wird. Jung ist sie noch, denkt sie. Anfang Zwanzig. Das Abschlußzeugnis ist besser als mein eigenes seinerzeit . . . Und immerhin hat sie schon fast ein Jahr Praxis hinter sich, wenn auch „bloß" in einem Schülerhort, in Deutschland.

Vor zwei Monaten hat Hanna eine Annonce in mehreren österreichischen Zeitungen aufgegeben:

Wer möchte hoch hinaus?
Wir sind einer der höchstgelegenen Kindergärten
Österreichs, im Großen Walsertal/Vorarlberg.
Das Haus ist groß, die Kindergruppe klein.
Dienstwohnung vorhanden.
Das Essen schmeckt gut, wir kochen selbst.
Herrliche Schipisten rundherum!

Beim Verfassen der Annonce haben die Kinder geholfen. Das mit den Schipisten wollten sie unbedingt drinhaben. „Sonst kommt eine, die nicht schifahren kann, und dann dürfen wir auch nicht oder nur ganz selten", hat Gerhard gemeint.

Sie selbst hatte kein gutes Gefühl dabei. Schließlich waren die Schipisten daran schuld, daß die Annonce aufgegeben werden mußte: Ihre junge Mitarbeiterin Ingrid hatte in diesem Winter einen deutschen Schiläufer kennengelernt, einen Gast. Noch vor Ostern haben sie geheiratet, und Ingrid ist nach Deutschland gezogen.

Hanna dachte damals, sie werde bis zu den Sommerferien den Kindergarten auch allein weiterführen können. Bis vor drei Jahren hatte sie schließlich alles allein gemacht! Mehr als zwanzig Jahre lang! Kindergärtnerin ist sie immer mit Leib und Seele gewesen. Ihr Mann war oft eifersüchtig auf die „fremden Kinder", die er aber alle gut kannte, weil sie aus dem Dorf und aus der Umgebung kamen. „Du machst mehr Überstunden, als erlaubt sind. Und bezahlt kriegst du sie auch nicht!" Hanna hat ihre Arbeitsstunden nie gezählt.

Aber mit der Freude allein ist's nicht getan. Sie war gesundheitlich nicht auf der Höhe, und wenn sie krank wurde, mußte der Kindergarten geschlossen werden. Daher hatte man ihr vor drei Jahren eine zweite Kraft bewilligt.

Und nun ist sie neugierig, wie die *neue* zweite Kraft sein wird.

„Wie schaut sie denn aus, die Tante Friedl?" fragen die Kinder.

„Weiß ich doch auch nicht!" sagt Hanna. „Seid nicht so neugierig!"

Kaum hatte Hanna — gemeinsam mit allen sechzehn Kindern — den Annoncenbrief zum Postamt getragen, begannen die Kinder zu fragen: „Ist schon eine Antwort da?"

An den folgenden Tagen fragten sie noch oft.

„Wir werden ganze Waschkörbe voll Post bekommen!" sagte Hanna. Marion und Rudi begannen gleich, einen geflochtenen Korb, in dem Spielzeug lag, auszuräumen . . .

„Und dann werden wir *gemeinsam* aussuchen, wen wir hierher einladen!"

Aber am Ende der ersten Woche war noch immer kein Antwortbrief da. „Vielleicht hat die Zeitung unseren Text gar nicht gedruckt", meinte Alexandra.

Hanna zeigte ihr die Zeitungsausschnitte. Jetzt mußte sie den Kindern jeden Tag ein paarmal die Zeitungsausschnitte vorlesen. In der zweiten Woche traf noch immer kein Bewerbungsschreiben ein. Seltsam, dachte Hanna. Dabei hört man immer so viel von jungen Arbeitslosen, auch unter Kindergärtnerinnen.

„Die Briefe brauchen lange bis zu uns herauf auf den Berg", sagte Hanna zu den Kindern.

Auch in der dritten Woche brachte der Briefträger nicht die erwartete Post. Jetzt war Hanna schon beunruhigt. „Es ist halt schwierig, jemanden ab Mai zu bekommen, mitten im Jahr. Für den Schulanfang geht es bestimmt leichter . . ." Dabei muß Hanna spätestens im Juni ins Krankenhaus zu einer dringenden Behandlung. Bis dahin sollte die neue Kollegin eingearbeitet sein.

„Um uns ist kein G'riß", sagte Brigitte, die Kleinste. Und die anderen lachten und riefen „kein G'riß" und zogen sich gegenseitig an den Händen.

„Um uns ist *doch* ein G'riß!" sagte Hanna zu den Kindern am 25. Tag, nachdem sie die Annonce aufgegeben hatten. In der Hand hielt sie den Brief von Friedl Weber. Aus dem Brief ging hervor, daß Friedl Weber aus Kärnten stammte. Abschluß der vierjährigen Kindergärtnerausbildung in Klagenfurt vor einem Jahr. Seither Arbeit in Deutschland. Die Stelle in dem Kindergarten könnte sie am 2. Mai antreten, weil es in ihrem Schülerhort sowieso zu Komplikationen gekommen war: Ein Erzieher kam im Mai aus dem Wehrdienst zurück.

Die Annonce hatte Friedl durch Bekannte aus Bregenz zugesandt erhalten, leider erst ziemlich spät.

„Und wo sind die anderen Briefe für den Waschkorb?" fragte Gerhard.

„Um uns ist eben nur ein *einziges* G'riß!" sagte Hanna — eher zu sich selbst, weil sie glaubte, die Kinder verstünden das nicht. Aber die Kinder lachten, auch die Jüngsten.

„Ich hör schon den Wagen von der Tante Friedl!" ruft Marion. Alle Kinder laufen zum großen Fenster.

„Du kennst ihren Wagen ja gar nicht", sagt Hanna. Aber sie läuft auch zum Fenster.

Zu sehen ist noch nichts. Die Schotterstraße ist steil und hat viele Kurven. Man sieht vom Kindergarten aus immer erst im letzten Augenblick, was oder wer daherkommt.

„Ich glaube, das ist ein sehr kleiner Wagen", sagt Alexandra. „Wohl so eine Blech-Ente."

„Und die Tante ist auch klein und sehr lieb", sagt Marion.

„Ja, und sie hat uns so lieb wie du", sagt Rolf zu Hanna und wird rot dabei.

„Sicher wird sie euch gern haben", murmelt Hanna.

Das Auto taucht auf.

„Eine Ente!" rufen ein paar Kinder gleichzeitig. Begeistert klatschen sie in die Hände.

Marion aber sagt: „O je!" Sie dreht sich zu den anderen um: „Da ist nur ein Mann drin. Ist das der Freund von der Tante Friedl?"

Gerhard ist sehr enttäuscht: „Der kommt jetzt und sagt, daß sie nicht kommt."

„Ja", ruft Marion, „weil sie heiraten werden. Wie die Tante Ingrid."

„Vielleicht haben sie schon geheiratet", sagt Alexandra.

„Ach was", sagt Hanna. „Der hat doch gar nichts mit Tante Friedl zu tun. Wahrscheinlich ist er irgendein neuer Vertreter."

Der junge Mann betritt das Haus, kommt zur Tür herein, grüßt — er ist fast zwei Meter groß. „Guten Tag. Ich bin — Friedl Weber."

Als Hanna am Abend ihrem Mann erzählt, daß sie einen Kinder*gärtner* aufgenommen hat, fängt er an schallend zu lachen. Sie ärgert sich. „Du hättest sehen sollen, wie gut er bei den Kindern ankommt. Sie haben sofort ihre Scheu abgelegt. Bei der Ingrid hat es damals ein paar Tage gedauert, bis sie aus sich herausgegangen sind. Ich sag dir: Der Mann hat pädagogisches Talent. Hoffentlich bleibt er. Wie Trauben haben sie sich an ihn gehängt beim Heimgehen."

„Du schwärmst ja geradezu", sagt ihr Mann. „Von mir schwärmst du nie!" Er ist eingeschnappt.

„Eifersüchtig?" fragt Hanna und lacht.

„Warum hat dich dieser Friedl Weber bei seiner Bewerbung nicht gewarnt, daß er ein Kinder*gärtner* ist?"

„Das habe ich ihn auch gefragt", sagt Hanna. „Stell dir vor: Er hat gefürchtet, daß bei uns sehr viele Bewerbungen einlaufen werden und er dann als Mann keine Chance hat. Er hat allen Ernstes geglaubt, daß wir Vorurteile haben . . .“

Friedl Weber hat die „großen“ Kinder übernommen — eine Gruppe von zehn. Die sechs Jüngsten werden weiterhin von Hanna betreut. „Im Hort habe ich dreißig Schüler zu betreuen gehabt“, erzählt er. „Ein Sack voller Flöhe . . .“

„Wirst du auch mitkochen?“ fragt Andreas.

„Klar, natürlich, was kochen wir heute?“

Hanna meint: „Sie brauchen nicht gleich zu übertreiben, Herr Weber! Ich komm ganz gut allein zurecht.“ Sie fürchtet, daß etwas schiefgehen könnte.

Nichts geht schief.

„Heute schmeckt's besser als sonst“, behauptet Marion.

Hanna sagt: „Du brauchst auch nicht gleich zu übertreiben, Marion!“

Die Kinder lachen und Friedl Weber grinst. Also lacht Hanna auch, aber ein bißchen gequält.

„Wie sollen wir zu dir sagen?“ fragt Gerhard. „Tanterich?“

Die Kinder halten sich den Bauch vor Lachen.

„Onkel vielleicht!“ ruft Bernhard. „Onkel Friedl?“

„Wie wär's mit *Friedl?* Sagt einfach Friedl zu mir. Das ist kürzer und lustiger.“ Und dabei bleibt's.

Die Kinder gewöhnen sich rasch an ihren Kindergärtner. Hanna spürt, daß ihm die Arbeit Freude macht. Er kann gut auf die Kinder eingehen, er ist geduldig. Und Humor hat er auch.

Doch die meisten Eltern sind noch skeptisch.

„Das ist ja wohl nur vorübergehend? Wie? Eine Art Ferienjob, nicht?“ fragt Gerhards Mutter.

Und Marions Vater — er ist Bürgermeister — sagt zu Friedl Weber: „Mich geht's ja nichts an, aber fragen wird man wohl noch dürfen. Schließlich interessiert es mich, wie es hier im Kindergarten weitergehen wird. Also, Herr Weber: Wenn Sie eine *anständige* Arbeit brauchen, wenden Sie sich an mich!“

Bei Hanna wird er sich kurz darauf beschweren. Dieser Friedl Weber — man ist ja nicht empfindlich —, aber dieser junge Mensch hat ihm doch tatsächlich geantwortet: „Halten Sie das hier vielleicht für eine *unanständige* Arbeit?"

„Stellen Sie sich vor, Frau Hanna! Und gegrinst hat er auch noch dazu!"

Hanna schüttelt höflich den Kopf, aber sie weiß nun, daß sie ihre Kinder beruhigt bei diesem Friedl lassen kann.

Hertha Kratzer Kündigung

Wie bring ich's ihr bei, wie bring ich's ihr bei . . . Der Rhythmus der Räder wiederholt den Satz. Immer wieder. Denselben Satz.

Ich muß klar denken, redet sie sich zu, ich darf die Nerven nicht verlieren. Nicht, wenn ich's ihr sage. Aber der Gedanke läßt sich nicht stoppen, immer wieder, wie im Kreis, derselbe Gedanke, derselbe Satz.

Als sie aus der Schnellbahn steigt, ist sie froh über die 15 Minuten, die sie noch zu gehen hat, bis sie zu Hause ist. Über den Weg hat sie oft geflucht. Im Winter, wenn die Kälte durch den Mantel biß. Wenn es regnete und sie nicht wußte, wie sie Handtasche, Regenschirm und Plastiktaschen mit zwei Händen halten sollte. Am Morgen, wenn sie rennen mußte, um pünktlich ins Büro zu kommen. Aber es ist Abend, und es ist nicht Winter.

Eigentlich hätte sie sich freuen können über die Knospen, die der Flieder in den Vorgärten schon getrieben hat. Und sie hätte sich, wie an anderen Abenden auch, freuen können über die Viertelstunde, die ihr verblieb, ehe die tägliche Hausarbeit, das immer gleiche Gejammer der Mutter und die unerledigten Hausaufgaben der Geschwister sie wieder voll in Anspruch nehmen würden. Heute spürt sie nichts von der entspannenden Wirkung, die der Weg nach Hause sonst auf sie ausübt, wenn die Bilder des Büroalltags allmählich verblassen und entschwinden. Heute ist sie nur froh über den Zeitgewinn.

Die Mutter darf sich nicht aufregen, auf keinen Fall, überlegt sie. „Geben Sie acht auf sie, Sie wissen ja, ihr Herz", hatte der Hausarzt vor drei Wochen zu Ilse gesagt, als die Mutter nach einer Grippe sich lange nicht erholte. „Aber Sie machen es schon, Sie sind ja tüchtig!" Dabei hatte er ihren Arm getätschelt und war, ohne zu grüßen, eilig gegangen.

Ja, ich mache es schon, denkt Ilse, ich habe es ja immer gemacht, alles, was man von mir verlangt hat. Tüchtig? Was heißt das schon? Bin ich tüchtig?
Vor sechs Jahren, als der Vater bei einem Autounfall — es war ein Frontalzusammenstoß — ums Leben kam, war Ilse Handelsschülerin der letzten Klasse gewesen, mit durchschnittlichen Noten. Die Mutter, eine zarte, nervöse Frau, brach bei der Nachricht zusammen. Damals hatte Ilse begonnen, der Mutter und den jüngeren Geschwistern zu sagen, was zu tun und zu lassen sei. Die Mutter hatte sich gefügt. Sie war ein Leben lang gewohnt zu tun, was man ihr sagte. Die Geschwister taten es nicht immer.

Als Ilse nach Abschluß der Schule und etlichen vergeblichen Vorstellungen und Bewerbungsschreiben den ersten Posten antrat, war sie endgültig zum Haupt der Familie geworden. Bürokraft in der Verkaufsabteilung der Firma Monet & Berger, Sanitäre Einrichtungen und Badezimmerausstattung. Der Kopf schwirrte ihr in den ersten Wochen von Formen, Farben, Bezeichnungen, Artikelnummern und Preisen der verschiedenen Bidets, Badewannen, Waschbecken und Clomuscheln. Und es hatte lange gebraucht, bis sie Namen und Adressen der wichtigsten Kunden wußte, die Vorteile der von der Firma erzeugten Batterien und Armaturen erklären konnte, über Herstellungs- und Verkaufspreise und Rabatte Bescheid wußte. Dazu das unerreichbar scheinende Vorbild der versierten älteren Kollegin, der die Kenntnis dieser Einzelheiten im Laufe einer zwölfjährigen Dienstzeit zur Selbstverständlichkeit geworden war, und die Ungeduld des Abteilungsleiters, der nie abzuschätzen gelernt hatte, wie lange seine Mitarbeiterinnen zur Erledigung einer Aufgabe brauchten. Allmählich aber hatte Ilse sich an den Büroalltag gewöhnt. Sie ließ sich nicht mehr nervös machen von Telephonanrufen verärgerter Kunden, es gelang ihr, einen gleichmäßig freundlichen Ton zu bewahren, und sie verstand sich gut mit der Kollegin, die sich ihr gegenüber nicht mehr mißtrauisch und zurückhaltend verhielt, sondern hilfreich und sogar ein wenig mütterlich.

Der Vormittag heute war gewesen wie viele andere Vormittage

auch. Offerte tippen, Lieferscheine schreiben, Post ablegen, Kunden besänftigen, Auskünfte erteilen, telephonieren. Gegen ein Uhr, kurz nach der halbstündigen Mittagspause, hatte der Personalchef angerufen. „Wenn Sie bitte zu mir kommen, Fräulein Gerstinger."

Neugierig, etwas beunruhigt, aber doch sicher, keine schweren Fehler in ihrer Arbeit begangen zu haben, saß sie ihm gegenüber an dem Mahagoni-Schreibtisch. Seit ihrem Einstellungsgespräch war sie nicht mehr in dem großen, modern möblierten Zimmer mit den üppigen Grünpflanzen gewesen.

„Was ich Ihnen jetzt sagen muß, Fräulein Gerstinger, tut mir aufrichtig leid", hatte der Personalchef das Gespräch eröffnet. „Ein Betrieb wie der unsere ist abhängig von der allgemeinen Wirtschaftslage. Und die allgemeine Wirtschaftslage ist, das spüren wir leider sehr, nicht gerade rosig." Er zündete sich eine Zigarette an. „Rauchen Sie vielleicht?" Ohne ihre Antwort abzuwarten, legte er die Packung Zigaretten auf den Tisch, lehnte sich in dem ledergepolsterten Sessel zurück und fuhr fort: „Unsere Aufträge gehen zurück, leider. Sie wissen ja selbst am besten, daß Sie in der letzten Zeit nicht ganz ausgelastet waren." Er vermied es, sie anzusehen. „Es tut mir aufrichtig leid", wiederholte er, „aber wir müssen auf Ihre weitere Mitarbeit verzichten. Glauben Sie mir, es gehört nicht gerade zu den angenehmsten Pflichten eines Personalchefs, eine Kündigung auszusprechen." Er sah sie jetzt an, prüfend, kühl.

Ilse war dagesessen, stumm, unfähig, auch nur ein Wort zu sprechen. Sie starrte auf die Westenknöpfe des ihr gegenübersitzenden Mannes. Nur ruhig bleiben, dachte sie, nichts Unüberlegtes sagen, ruhig bleiben.

„Sie haben drei Monate Kündigungsfrist, das heißt, Sie haben drei Monate Zeit, sich in Ruhe etwas anderes zu suchen." Er dämpfte die Zigarette ab, nahm den vergoldeten Kugelschreiber von der Schreibunterlage — außer einem Telephon und einem aufstellbaren Fotorahmen war da nichts auf dem Schreibtisch — und hielt ihn mit beiden Händen zwischen Daumen und Zeigefinger. „Noch etwas: Eine gesetzliche Abfertigung steht Ihnen ja nach der Dauer Ihrer bisherigen Dienstzeit nicht zu, aber die Firma erweist sich Ihnen gegenüber als großzügig. Wir zahlen Ihnen das letzte Monatsgehalt doppelt aus. Zum Zeichen, daß wir Ihre Arbeit durchaus geschätzt haben. Ein kleines Trostpflaster, vielleicht kaufen Sie sich etwas Hübsches." Er lächelte kurz, aber es war nur ein automatisches Verziehen des Mundes, während seine Augen sie kurz musterten und dann an ihr vorbei auf die Wand schauten.

Nicht ganz ausgelastet, Ihre Arbeit durchaus geschätzt, kaufen Sie sich etwas Hübsches . . . Wut und gleichzeitig ein Gefühl vollkommener Hilflosigkeit überfielen sie. Sie hatte nie etwas von einem Rückgang der Aufträge gemerkt. Er hat keine Ahnung, durchfuhr es sie, weder von meiner Arbeit in der Firma noch von der zu Hause. Wann habe ich mir je etwas wirklich Hübsches ohne Gewissensbisse kaufen können, dachte sie bitter, was weiß der von mir. Sie starrte in sein Gesicht, in dieses glattrasierte, gebräunte Gesicht, das so merkwürdig unverbraucht und jung aussah, als hätte der Mensch, zu dem es gehörte, nie an sich selbst und an seinen Aufgaben gezweifelt. Wahrscheinlich hat er das auch nie, dachte sie, Kündigungen auszusprechen gehört zu seiner Arbeit.

Sie war auf einmal ganz ruhig. Ihr war jetzt bewußt, mit schmerzender Schärfe, daß sie für ihn nichts anderes war als ein Faktor, ein Faktor, den man berechnen konnte, nach Kosten und Erlösen, und den man wegrationalisieren konnte. Er handelt im Auftrag seiner Firma, mit ihren persönlichen Ängsten und Sorgen brauchte er sich nicht zu belasten.

„Also, Fräulein Gerstinger" — der Personalchef war aufgestanden und hatte ihr über den Schreibtisch die Hand gereicht —, „alles Gute für die Zukunft. Sie sind ja jung. Sie finden sicher wieder etwas. Ein Firmenwechsel kann durchaus auch etwas Positives sein." Dabei lächelte er wieder sein eingeübtes Lächeln, während sein Blick leichte Ungeduld verriet.

Sie war ebenfalls aufgestanden, hatte ihm die Hand gegeben, ein kurzer, kaum merklicher Händedruck, und war gegangen.

Ilse ist beinahe überrascht, als sie vor ihrem Wohnhaus steht. Wie blind ist sie den Weg von der Bahnstation über den kleinen Platz gegangen, dann die Hauptstraße entlang und schließlich in die Nebengasse eingebogen, in der sie zu Hause ist.

Soll ich es ihr überhaupt sagen, überlegt sie, als sie den Schlüssel in die Tür steckt, irgendwann wird sie es aber doch erfahren müssen, aber nicht heute, morgen vielleicht oder übermorgen.

„Ilse, gut, daß du da bist", sagt die Mutter, als Ilse in die Küche kommt. Die Mutter steht vor dem Bügelbrett, in der verwaschenen, dunkelbraunen Kleiderschürze, die Ilse nicht ausstehen kann, weil sie die Mutter noch blasser aussehen läßt, eine Haarsträhne hängt ihr ins Gesicht, und unter den Achselhöhlen zeichnen sich dunkle Schweißflecke ab. Sie sieht müde aus und überanstrengt. „Du kannst fertigbügeln, mir wird es zuviel", sagt sie und stellt das Bügeleisen mit der Schmalseite auf. Dann schaut sie Ilse an. „Was ist los mit dir? Hast du Ärger gehabt im Büro?"

„Ja, Mama, das hab' ich. Ich bin gekündigt, sie brauchen mich nicht mehr." Ilse sagt es und erschrickt. Die Wörter hatten sich selbständig gemacht, waren aus ihr herausgeplatzt, ohne daß sie sie hätte zurückhalten können.

Ilse läuft ins Schlafzimmer. Auch das Würgen im Hals läßt sich jetzt nicht mehr zurückdrängen. Sie wirft sich auf die Couch, die quer zu den Fußenden der Kinderbetten steht, und weint ihre Wut, ihren Schmerz, das Gefühl, versagt zu haben, in den Dralonüberwurf.

Eine Hand greift nach ihrer Schulter. „Ilse" — die Stimme der Mutter ist rauh, aber es klingt Wärme mit, Zärtlichkeit, die Ilse lange nicht mehr gehört hat.

„Ilse, hör mir zu!" Die Mutter nimmt sie an den Schultern, dreht sie zu sich, sieht sie an. „Ilse, es gibt Schrecklicheres als eine Kündigung, das wissen wir beide. Ich habe dir nie gesagt, wie tüchtig du bist und wie stolz ich auf dich bin. Du findest etwas Neues, ganz sicher. Ein Firmenwechsel kann durchaus etwas Positives sein."

Daniela Duffek Der Herr Angestellte im Reisebüro

„Kein Problem, gnä Frau, das haben wir gleich. Nein, nein, nein, Sie brauchen da gar nichts zu machen, das mache alles ich für Sie, aber ja, natürlich geht das auch am Dienstag. Sie können ohne Schwierigkeiten umsteigen, die Bahngleise sind sich gegenüber. O ja, natürlich geht das in Ordnung, der Zug um 11 Uhr 25 fährt durch Brüssel, da können Sie kurz aussteigen . . ."

Der zuvorkommende Angestellte hat immer noch ein Problem, schon eine halbe Stunde lang, das eigentlich gar kein Problem ist. Der Herr Doktor soll nämlich in Lissabon übernachten und dann erst nach Santo Belonia fahren, wobei er an Madrid vorbeifährt und erst von Salamanca um 10 Uhr 35 noch nach Barcelona und dann erst mit dem Schlafwagen, wobei er keine Aufzahlung machen muß, nach Madrid fährt.

Der Herr Doktor will nicht über Paris fahren, da war er schon. Er fährt lieber über Genf. Und die Platzkartenreservierung kostet statt S 180,— wie voriges Jahr dieses Jahr nur S 25,—, und das von Genf „herunter" nach Barcelona. Ohne TEE-Zug-Zuschlag natürlich.

Der Herr Angestellte macht das wie voriges Jahr, und diesen Zettel da, den muß er dem Herrn Doktor leider entführen, der gehört nämlich ihm, haha. Und der Herr Doktor soll das nächste Mal seinen Reisepaß, seine Frau und den ihrigen mitbringen. Diesen Fragebogen da braucht der Herr Doktor nicht auszufüllen, das macht der Herr Angestellte. Und er freut sich schon auf des Herrn Doktors schöne Reise — wie jedes Jahr. Es wird alles bestens. Sofern der Herr Doktor nicht vergißt, in Genf umzusteigen, sonst fährt er nach Paris, und da war er ja schon.

Der Herr Doktor will dem Herrn Angestellten flüsternd, von Mann zu Mann, beide über den Tisch gebeugt, irgend etwas

„Urwüchsiges zukommen lassen", und der Herr Angestellte bedankt sich bis zur Tischkante. Jetzt ist der Herr Doktor weg, und des Herrn Angestellten Gesicht fällt ein — wie immer nach so einem Kein-Problem. Zuvorkommenheit ist anstrengend. Aber was tut man nicht alles für seine Könige.

Monika Pelz Ja, also d' Schui

Wannst hinkummst am ersten Tag, hast amol Bauchweh, wäu des Gebäude ausschaut wia a Gfängnis! I maan — i zitter net leicht, i spring dir aa vom Fünfmeterbrettl obe — eventuell — wanns sei muaß —

Oba de Schui! Wannst hinkummst, kummt da vur, sie wird immer hecha und hecha — wia in an Thriller —

Oba vielleicht war des aa nur, wäu ma die Möller Evi allerwäu sovü gschüdert hat, net? Die Kusin von dera hot a Freindin, die was aa in die Berufsschui in da Mollardgassen gangen is — als Elektromechaniker für Schwachstrom. Oba de hat des net durchg'halten, verstehst? Und die hat immer erzählt, was se durt für Sochn abspüln! Wäu durt san hauptsächlich nur Buama, waaßt? De Nachrichtenelektroniker und de Mechaniker und de Installateure! Wannst als Madl durt hingehst, glaubns, du bist angschitt! Und a paar von de Lehra san echt gestört! De sagn da: „Scheniern Sie sich denn net, daß Sie so einen Beruf lernen?" Echte Schnitzel san des!

Aana hat zur — also zur Freindin von der Möller Evi ihrer Kusin gsagt, sie wü eh nur vü Buama kennenlernen! Also, i lassert ma des net gfalln!

Und de Buama san de Allerärgsten! Da reinste Kindergarten! D' Tschik legns da aufn Sitz — an Madl hams de o.b. ausn Taschl gfladert und im Waschbecken aufgwaacht. Literweis hat die gheult! Und vurvuriges Jahr hat de Polizei durt a Razzia veranstaltet. So a Razzia hoit, net? Wegen Rauschgift. Echt mit de Hund sans durch des Gebäude marschiert! Mit Hasch-Hunde! Oba gfunden hams nix wia a gwutzelte Zigarettn und a Springmesser! Und dafir die ganze Äkschn! Waaßt, de Hund ham angeblich eanen Geruchssinn verlurn vun de vüln Wurschtsemmeln in de Ladln —

Na, die Kusin von da Freindin — also, die Freindin von da Kusin von da Möller Evi hats dann schließlich aufgebn. Warum, waaß i net. De is jetzt Verkäuferin in an Supermarket. Oba durt tuats nix wia in de Regale schlichten. Muaß i net habn! Also i wia net aufgebn! I sicherlich net!

Und dann hab i ma aa dacht, waaßt, was i ma dacht hab? Die Möller Evi erzählt ma des alls nur, wäus wü, daß i mit ihr in die Fabrik nach Wimpassing geh! Oba i wü net in die Fabrik! Des taugert ma scho garnet!

I woit scho immer Automechaniker wern, und i werds aa! Is a Super-Beruf, find i! I bin schon in Motor einekrochen, seit — seit i a klaner Gschrapp war. Wäu mei Onkel aa Automechaniker is und aa in dera Werkstätten g'arbeit hat, in der was i jetzta bin. Glück braucht der Mensch! Sunst findst eh kaa Lehrstell mehr heutzutag, net? Und mei Chef is echt klass! Progressiv und so. Sunst nehmans ja fast ka Madl, net?

Und i versteh mi mit aa de andern Lehrbuam durt soweit ganz guat! Guat, der Ausbüldner sagt ma immer, daß i eam z'langsam bin. Er sagt, i hab a Reaktionsvermögen wia a Bauernkasten. Oba der Chef sagt dann: „Laßts de Gusti! De arbeit langsam, aber sicher!" Wäu i bin sehr genau, waaßt?

Wegen der Arbeit hab i ma kane Surgn machen brauchn. Wegn da Schui durt scho! In ganzn Summer is ma des net ausn Kopf gangen. Bis i ma dacht hab: wegen de bledn Buam, hab i ma dacht, tua i ma aa nix an! Und wanns mi aufziagn, dann häng i ihnen aa a Goschn an, und wanns mi zwicken, schmier i eana ane. Am Schmäh haltn kan i an andern aa! Und die Wiener Buam wern aa net so anders sei als wia de Buam in Götzendorf!

Und de Freindin von der Möller Evi ihrer Kusin war wahrscheinlich a so a Angrierte, verstehst?

Na guat, aber wia i dann am ersten Montag in die Schui kumm, is ma scho s'Klapperl gangen! Überall auf de Stiagn und in die Gäng san die Massn kumma — nix wia lauter Buam, die was di bled angschaut ham!

„Fräulein, san Sie da richtig?" hat glei aner gschrian.

Und aner hat g'sagt: „Schauts eich de Gstöllte an: A Oasch wia a Roß!" Na bumm! Mir war glei anders, waaßt?

I kumm in de Klass eine — lauter Buam! Ana fangt an: „Da kummt de Frau firs Leben!" Und a anderer sagt: „Oba erst des Leben, dann de Frau!"

De ham se aufgführt! Und der Lehrer, der was vurn gsessn is und de Namen aufgnummen hat, hats reden lassen, wias wolln ham. Der hat si wahrscheinlich aa dacht: A Madl? Was wü denn die da!? Was waaß i!

Zu mir hat er gsagt: „Ah, eine Emanze!" — oder so irgendan Kaas. „Mädchen in Männerberufen. Das ist ja die neueste Mode!" I hamma dacht: Gar net amal ignorieren, den Teppen! Und hab eam mein Lehrvertrag zagt. Er hat ma an Wisch gebn, auf dem drauf-g'standen is, was i no alls mitbringen muaß in d'Schui: Lichtbüldl, Arbeitskleidung — und dann hat er mi glei einteilt für Schuitag Montag, i hab glei dableibn kennan in den Gruselkabinett! Die was zvül warn, hat er für die nächsten Tag einteilt.

Um Öfe bin i dann in so a Kaffeehaus gangn und hab ma unhaamlich vü zum Essen bestöllt. Wäu i mi so gift hab, verstehst? Drei Käseschinkentoast und an Zwetschkenkuchen. Dabei bin i eh scho so gfüllt!

Um ans is dann weitergangen in der Schui, und wia i in mei Klass kommen bin, war wieder ein Hallo! I hob mi vurn in die erste Bank gsetzt, und des war a Föhla. Wäu glei hinter mir is scho aner gsessn, den was die andern den Schönen Willi gnannt ham. Wäu da warn a paar, de ham se alle scho von der Hauptschui her 'kennt! „Se setzt si glei neman Schönen Willi!" hams gschrian. Na, pfüat mi Gott, hab i ma dacht! Oba wegsetzen wollt i mi aa net. Jetzt scho gar net! Die kennan mi do gern habn, hab i ma dacht, verstehst?

Da Schöne Willi! So sche war der gar net, wia der si einbüldt hat! Dann is ana mit an Vollbart und an weißn Mantel einekumma, der hat uns erzöhlt, daß er „Spezielle Fachkunde" hat und daß er unser Klassenvurstand is. Wia er mi gsegn hat, hat er aa so zum Grinsen angfangt und mi gfragt, ob i die Auguste Polacek bin.

Da is wieder die allgemeine Heiterkeit ausbrochen, wias mein Namen g'hert habn. I hab eam gsagt, ja, di bin i. Dann hat er gsagt, daß noch ein Mädchen kommt und daß de Gabriele Berchtold haaßt. Aber sie liegt im Krankenhaus mit Blinddarm zur Zeit. Die Buam hinter mir ham glei no mehr glacht. I maan, de habn glaubt, se san bei de Löwinger oder so —

Der Englmaier, unser Klassenvorstand, hat aa grinst, dann hat er uns no gsagt, was ma fir an Lehrplan habn wern und was für Bücher daß ma kriagn wern, dann hat er si wieder verabschiedt. „Also, des wärs, meine Herren!" Und dann macht er so an Zucker, wia wann ihm was einfallt und sagt: „Jöh, jetzt hätt i fast vergessen, i muß ja jetzt sagen: Meine Damen und Herren!" I hab ma dacht — laß eam, hob i ma dacht!

Kannst da vurstelln, wia froh i war, wia der erste Tag vorbei war?! Obgsegn davon, daß' uns ständig erzählt ham, wievü als daß ma lernen miassn! Daß ma irrsinnig ozahn miassn — und Wirtschaftskunde und Wirtschaftsrechnen und Buchhaltung und Werkstoffkunde und Arbeitskunde und Fachzeichnen — I bin total schwindlig durt obegschlichen und hab mi an dem Abend überhaupt nimmer dafangen.

Mei Mutter hat natürlich gsagt: „Wüllst dirs net do no amal überlegen?" Des sagts seit an halbn Jahr. Und i hab gsagt: „Naa."

Oba vurm Schlafen hab i ma dacht, daß scho guat is, daß no a zweits Madl in de Klass kummt, wäu sunst is ja des des reinste Trauergspül durt!

Oba am nächstn Montag war die Berchtold Gabriele immer no net in der Schui. Und sie habn mi natürlich zum Sekkiern angfangen: Papierkugln gschossen und so. Richtig angschitt!

An sich, des, was ma durt lernen, is ja net schlecht! Se ham ja durt zum Teil mehr Möglichkeiten, als was mir in unserm Betrieb ham. Und außerdem: des Zeichnen hot ma von Anfang an an echten Spaß gmacht! I hab des gar net gwußt, daß ma des so an Spaß macht, des Zeichnen! Mir ham des ja net ghabt in dem unnetichen Polytechnischen Lehrgang. Wäu fir uns Madln hats nur Handarbeiten gebn, und beim Strickn hab i zwaa Linke! Oba beim Zeichnen war i von Anfang an guat.

Der Kindler, der Lehra, hat si immer mei Heft angschaut, aber gsagt hat er nix. Wahrscheinlich wars eam gar net recht, daß a Madl besser is wia a Bua. Was wüst tuan!

In de Pausn hams mi anglahnt lassn. Da ham sa si nix redn traut! In da Stund warns goschert, aber in da Pausn war i die dünne Luft für de. Da hams gredt, was fir a Super-Maschin daß fahrn wern und was für a Batzen-Auto daß amal ham wern! So blede Schmäh halt. Oba wannst zu an hingangen bist und eam gfragt hast, wo er arbeit und wie des is bei eana im Betrieb, hams bled gschaut.

Gstört halt, verstehst? Oba mi hat des scho anzipft, waaßt?

Und in der nächsten Wochen war die Berchtold Gabriele allerweil no net da. Da hab i's scho fast aufgebn! Vielleicht is' gsturbn, hob i ma dacht, oder se hat si's überlegt. Wer waaß, vielleicht überleg i ma's aa no! Und dann hab i ma wieder dacht: Erst recht net! Wegn der Schui gib i die Lehr net auf! Schuitag is eh nur amal die Wochn, des kannst aushoitn!

Und der Engelmaier hat allerweil gsagt: „Für dich ist das sicher zu schwer!" Oder: „Du verstehst das wahrscheinlich net!" Oder: „Geh ich zu schnell vor für dich?"

Auf den hab i sche langsam an echten Haß kriagt! Und der Kindler, der ignoriert di dafir wieder alser ganzer!

Amal hat er gfragt, wer an die Tafel will, und i hab mi gmeldt — afach vur lauter Wut, wäu er mi net siecht! Na, was maanst! Der hat mi no immer net gsegn! Des is dann sogar aan von de Buam z'vü gwesn. Der Raudasch Walter, der was neman Groh Willi sitzt — waaßt eh, der Schöne Willi — der Raudasch Walter hat gschrian: „De Polacek hat se gmeldt!"

Wäu, da sans ja alle froh, wann se aner findt, der was auße gehn mecht! Na, dann is des Wunder endlich passiert, und der Kindler hat mi erblickt, und i hab ausse gehn derfen an die Tafel. I hab eam des zeichnet, was er wolln hat, so a Freihandskizzn — picobello! Und er sagt: „Guat, is recht, kannst dich wieder setzen!"

Kannst da so an Typen vurstelln? Da sollst kaan Haß kriagn!

Aber i hab no gsegn, wia der Raudasch Walter mir zuazwinkert hat, wia i zu mein Sitz z'ruckgangen bin. Des war eigentli nett von eam. Der is no am wenigsten gstört von alle, hab i ma dacht.

Is a Trost, hab i ma dacht.

Am nächsten Montag is dann endlich in d'Schui kommen, die Gabi Berchtold. Na, die Buam hättst segn solln! Total ausgflippt! „No so a Traumfrau!" schreit aaner. Und aaner, so a Langer, fangt glei an zum Singen: „Du entschuldige, i kenn di, bist du net die Klane —" und so weiter, kennst es eh, die tepperte Plattn!

Des Madl is glei furchtbar erschrocken, wias de Typen da alle gsegn hat. Und i hab ihr gwunken, si soll sie neben mi aufn leern Platz setzen. A echts Hascherl, hab i ma dacht. So a Blonde, Zarte, waaßt? Daß die amal a schwaars Trumm hebt, traut ma ihr gar net zua! Während i, i bin ja so a Riegl. Mi haltens ja für an Buam von hinten.

Dann hamma den Grünhammer ghabt in Politischer Bildung. Da kannst echt nur oschnalln, so fad erzöhlt der! I hab die Gabi gfragt, wo s' arbeit, und sie arbeit in aner Werkstatt im zweiten Bezirk. Oba sie tuat halt einstweiln nix wia Zammrama und für die Gsölln des Zubehör auspacken und herbringen, wäus rekonvaleszent is no. Oba i waaß von andere Werkstätten, daß Lehrling gibt, de was jetzt nach an halbn Jahr aa no net mehr tuan derfen als waschen und herschaffen. Des kummt ganz aufn Betrieb und auf d'Gsölln an, obsd was machn derfst!

Mi hams beim Eder scho in der ersten Wochen Zylinderkopf auswechseln lassen, ehrlich! Obe des is aa, wäu mi der Herr Eder scho kennt hat, und wäu i bei eam scho Motorwäsche hab machen derfen, bevor i no in dera Firma angfangt hab zum lernen. Und er hoit große Stickln auf mi! I bin a bissl langsam, i bin kaa Wiffzack, waaßt? Oba i arbeit sehr sauber und genau, und des schätzt er. Manche Buama stehn auf dem Standpunkt: Na, pfeif drauf, wird scho passen! Aber i maan, wann i a Arbeit mach, mach i's urdentlich . . .

Während i mit der Gabi so red — eh ganz leise, verstehst —,

plaazt uns der Grünhammer auf amal an, daß ma net schwätzen solln während sein Vurtrag, und da hamma alle zwaa lachen miassn, wäu er is wirklich sowas von fad, der Mensch!

A paar Minuten später fangt aner von de Buam hinten zum Schnarchn an — ganz laut. Da hättst den Grünhammer segn solln! Der is rot wurn im G'sicht wia a Paradeiser und hat g'schrian: „Wenns da nix lernen wollts, könnts glei am Bau gehn!" Richtig aufgregt hat er si! Na, die Klass hat glacht! Aber die Gabi nebn mir is ganz still wurn. I habs angschaut, und die hat si echt gfurchten, daß wirklich am Bau gehn muaß, wann sa si net merkt, wievül Abgeordnete und Bundesräte als daß ma ham!

Na in der Pausen hab i s' beruhigt und hab ihr erzählt, daß der Grünhammer a Würschtel is und daß sa si ja nix drausmachn soi.

Bei mir is ja jetzt scho besser mit de Lehrer, wäu i bin zufällig draufkumman, daß aner von de Lehrer aus Mannersdorf is. Leider is er net bei de KFZ-Mechaniker, sondern bei de Feinmechaniker! Turek haaßt er. Und der hat glei zu an Kollegen gsagt, was i für a guater Lehrling bin, und daß mei Master stolz auf mi is. Des hat er mehr so aus Spaß gsagt, verstehst? Wäu ma aus der gleichen Gegend san. Aber seitdem, büld i ma ein, sans freindlicher zu mir. A paar warn ja net unfreindlich von Anfang an! Grad nur der Engelmaier. Aber der eigentli aa net. Der muaß nur immer seine blöden Witz machen! Eigentlich wars mehr der Kindler, der was mi so anzipft hat mit seiner Art . . .

Na, i hab der Gabi die Situation an der Schui so gschüdert, und dann hab i ihr no gschwind gsagt, was ma in die ersten Wochn gmacht habn in Fachkunde, wäu da muaßt jetzta scho anzahn beim Lernen, daß d' nachkummst!

„Heast, Oide —" sagt ana hinter uns. Na, i denk, i hear net recht! „Oide" sagn s' zu mir in der Firma — des is bei uns durt afach so, daß ma si Oide und Oider ruaft. Aber in der Schui hat des no kaana zu mir gsagt!

„Heast, Oide!"

Und die Gabi sagt zu mir: „Du, der wü was von dir!"

Na, i drah mi um — steht der Schöne Willi mit'n Walter daneben.

Und er hoit ma sei Biachl aufgschlagn unter die Nasn. „Des, was ma de letzte Stund gmacht habn, mit de Grundstoffe und ihre Verbindungen — siechst du di da ausse?"

Des wü er von mir wissen! Na, i wunder mi net, er macht ja nix in der Stund wia Schlafn! Aber daß er si traut und a Madl fragt!

Na, i schau eam so langsam an — so von obn nach unten, und dann sag i: „Ah — der Faule Willi!"

Hättst hern solln, wia die andern glacht ham! Zerscht hat der Raudasch Walter glacht, dann ham aa de andern glacht, de was umadum gstanden san. Und seidem haaßt der Schöne Willi in unserer Klass nur mehr der Faule Willi — eh klar!

Und der Willi hat söba lachen miassn. Eibüdt auf sein Aussehn is er ja wia a Inzersdorfer Leberknödel — aber aan Spaß vasteht er aa.

„Was is?" sagt er. A bissl verlegen, waaßt? „Siechst du di da ausse?"

„I siech mi total ausse!" sag i eam ruhig. Ganz ruhig, verstehst? I kann cool sein aa, wann i wü!

„Total ausse siecht sa si!" hat der Walter gjubelt. „Gusti, de Wunderfrau!"

Also, i hab's eam erklärt, und a anderer hat mi aa no was gfragt. Jetzt auf amal hams tan, als ob i eana Scheißerl bin! Oder vielleicht hams aa nur so tan vur der Gabi, als ob ma alle Freind warn, weil die Gabi is scho a feschs Madl!

I hamma dacht: Hauptsach, sie redn mit uns und san nimmer so gstört wia am Anfang!

Der Walter hat ganz neidig in mei Schuiheftl gschaut!

„Wui, de schreibt mit!" hat er si gwundert. Und wäu i so in Fahrt war, hab i zu eam gsagt: „Was glaubst, aus was i lernen tua — aus'n Mickymausheftl?"

Und er fangt glei an: „Burgst ma dei Heft bis nächsten Montag?"

Aber i hab eam gsagt, daß des Heftl vorläufig die Gabi kriagt, und daß er si de Seiten kopieren kann, wann er unbedingt wü.

Zu Mittag san ma scho zu viert obegangen, der Walter, der Willi, die Gabi und i. Der Walter hat erzählt, wia s' eam obedruckn in da

Firma, wäu des so a winziger Famülienbetrieb is, und daß eam am liabsten gar nix zahln täten. Und i hab eam gsagt, daß er si rechtzeitig auf die Fiaß stelln soi, wäu wann er durt nix lernt von dem, was im Berufsbüld steht, dann kann er si bei da Innung beschwern. I hab den Walter echt aufbaut!

Und nach der Schui hamma uns bei der U-Bahn verabschiedt wie oide Freind. Mit der Gabi bin i no bis zum Südbahnhof gfahrn.

„Heast, de san eh leiwand, de Buam!" hat de Gabi ganz erleichtert gsagt.

I hab an meine ersten Tag in da Berufsschui dacht. Oba zu ihr hab i gsagt: „Jaja — es geht eh alles — langsam aber sicher!"

„Aber es is scho klass, daß d' aa da bist!" hat die Gabi gsagt. „Alaa hätt im mi irrsinnig gfurchten! Hast du di gar net gfurchten alaa in dera Klass?"

I hab mi no guat erinnern können, wia i mi gfurchten hab am ersten Tag. Und de drei Käseschinkentoast und den Zwetschkenkuchn hab i aa no net vergessn. Oba zur Gabi hab i nur gsagt, daß des alles net so arg war. Würschteln gibts überall. Damit muaß ma si abfinden!

E. Epler Wie ich Elektromechanikerin wurde

Ich bin Elektromechanikerin und arbeite für meine Firma „auf Montage“ in der Telefonzentrale eines großen Amtshauses. Meine Kollegen und ich beheben Störungen in der Zentrale oder in den angeschlossenen Apparaten. Es ist eine interessante Arbeit, und auf der Suche nach der Ursache einer Störung komme ich mir machmal wie ein technischer Detektiv vor. Die Arbeit ist körperlich nicht schwer. Da einen Bestandteil austauschen . . . dort ein bißchen löten . . . Und die Bezahlung ist recht gut. Es ist die alte Geschichte: Für die eigentliche Arbeit bekommst du ein paar Hunderter, aber ein kleines Bündel Tausender für das „Gewußt wo“.

Ich bin nun 48 Jahre alt, und ich hätte mir als junges Mädchen nicht träumen lassen, daß ich einmal eine so interessante und gut bezahlte Arbeit haben würde. Ich komme aus einer Arbeiterfamilie, wir waren sieben Kinder, sechs davon Mädchen. Damals, im 48er Jahr, als ich mit der Hauptschule fertig war, gab es Lehrstellen nur mit Protektion. Besonders Mädchen hatten es schwer, wenn sie etwas lernen wollten. Ich wäre gern Friseurin oder Verkäuferin geworden. Für Mädchen gab es ja nichts anderes als einige wenige „Frauenberufe“. Und Lehrstellen, die nur für Burschen offen waren, die habe ich mir in meinen kühnsten Träumen nicht gewünscht. Im 48er Jahr, in einer neunköpfigen Arbeiterfamilie, war man auch beim Wünschen bescheiden.

Ich habe mir damals die Füße nach einer Lehrstelle abgelaufen, aber es gab für mich keine. Ich mußte daher als Hilfsarbeiterin anfangen, bin nach Niederösterreich zu den Bauern gefahren, Rüben vereinzeln, Spinat schneiden und so weiter. Mit 17 Jahren habe ich eine leichtere Arbeit gefunden, ich wurde Presserin in einem kleinen Metallbetrieb. Mit 18 Jahren bin ich dann nach England gefahren und habe zwei Jahre lang in einer Weberei gearbeitet. Dann bin ich zurückgekommen, weil ich meine Sozialversicherung nicht verlieren wollte, und habe in einer Konservenfabrik gearbeitet. Wir haben Sauerkraut und Gurken eingelegt, da konnte ich mich in meiner Freizeit nicht mehr unter die Leute trauen, weil ich trotz gründlichem Waschen und Deodorants nach Essig gestunken habe. Mit 21 Jahren wurde ich Kurzschaffnerin bei der Straßenbahn. Die Arbeit war nicht schwer, aber der Dienst war unregelmäßig. Ich war schon verheiratet, und wenn mein Mann am Wochenende frei war, habe ich Dienst gehabt, und das war für die Ehe nicht gerade ideal.

Ich war dann in einem Betrieb für Büroartikel und nachher in einer Emaillierfabrik. Ich habe in der Nitrospritzerei gearbeitet, das ist zwar gesundheitsschädlich, aber man verdient dort mehr, und ich war damals schon geschieden und mußte mich mit meinem Kind durchbringen.

Bis dahin hatte ich sehr oft den Betrieb gewechselt, meist deshalb, weil es im alten Betrieb für mich keine Arbeit mehr gab. Ich war ja bloß Hilfsarbeiterin, man konnte mich heute entlassen, und wenn im nächsten Monat ein neuer Auftrag kam, konnte man eine neue Hilfsarbeiterin einstellen, ich war ja leicht ersetzbar.

Die Arbeit — über die Arbeit habe ich mir nie den Kopf zerbrochen. Ich habe sie nie als Fluch empfunden, schwere und eintönige Arbeit hat ja von früher Jugend an zu meinem Leben gehört. Aber ich war überzeugt: eine Arbeit, die Freude macht und auf die man stolz ist, die ist nicht für mich. Ich habe darüber auch nicht weiter nachgedacht, denn zum Nachdenken hatte ich keine Zeit. Nach der Akkordarbeit kommt man heim, erledigt die Hausarbeit, fällt ins Bett, und in wenigen Minuten ist man weg. Und wenn man einmal ein bißchen mehr Zeit hat, freut man sich, daß man — zum Bügeln kommt . . .

Aber dann hatte ich plötzlich Glück, auch wenn es am Anfang wie Unglück ausgesehen hat: Ich wurde arbeitslos: Und am Arbeitsamt hatten sie für eine 46jährige Hilfsarbeiterin keine Stelle frei. Wenn man keine Qualifikation hat, wird es immer schwerer, je älter man wird. „Wir haben für Sie keine Arbeit", sagten sie im Arbeitsamt, „aber wir sind bereit, Sie im zweiten Bildungsweg als Elektromechanikerin auszubilden."

Am Anfang habe ich das wie einen schlechten Witz empfunden. Ich als Frau sollte imstand sein, einen „Männerberuf" zu erlernen. Ich als 46jährige, die seit der Schulzeit kaum dazugekommen war, die Nase in ein Büchel zu stecken, sollte mich durch Fachliteratur durchbeißen. Lächerlich! Aber im Arbeitsamt haben sie mir so lange zugeredet, bis ich gesagt habe: „Na ja, ich glaube zwar nicht, daß ich es schaffe, aber probieren kann man es."

Im Kurs waren am Anfang 46 Leute, darunter nur zwei Frauen. Bis zur Abschlußprüfung haben nur 26 durchgehalten. In zehn Monaten mußten wir praktisch und theoretisch alles lernen, wozu ein Lehrling dreieinhalb Jahre braucht.

Zehn Monate lang habe ich gebüffelt wie verrückt. Oft bin ich noch um ein Uhr früh über den Büchern gesessen. Der Haushalt ist verschlampt, von einem Privatleben war keine Rede, ernährt habe ich mich aus der Kühltruhe. Und bis zuletzt habe ich nicht geglaubt, daß ich es schaffe. Aber ich habe zwei Menschen gehabt, die mir geholfen haben:

Die eine war eine Betriebsrätin, die ich kennengelernt hatte, wie ich in der Emaillierfabrik gearbeitet hatte. Ein feiner Kerl. Zu ihr konnte man mit allem kommen. Und oft war sie in unserer Abteilung und hat uns bei der Arbeit geholfen, wir waren ja im Akkord. Heute ist sie Staatssekretärin. Sie hat sich um mich gekümmert, wie ich zu lernen begonnen habe, und wenn ich verzweifelt war, ist sie zu mir gekommen und hat mir so lange zugeredet, bis ich mich wieder über die Bücher gesetzt habe.

Der zweite, der mir „geholfen" hat, war ein alter Meister, ebenfalls aus einem früheren Betrieb. Ein unangenehmer, arroganter Kerl. Wir wohnen im selben Viertel, und ich kann es nicht vermeiden, ihn manchmal auf der Straße zu treffen und mit ihm ein paar Worte zu wechseln.

Wie er gehört hat, daß ich im zweiten Bildungsweg Elektromechanikerin werden will, hat er bloß gelacht. „Das bringst du nie zusammen, das ist nichts für eine Frau." Und sooft ich ihn getroffen habe, hat er sich grinsend erkundigt, ob ich es noch immer nicht aufgegeben habe. Da habe ich jedesmal eine Viechswut bekommen. „Dem werde ich es zeigen", habe ich mir versprochen. Und ich *habe* es ihm gezeigt!

Jetzt bin ich also Elektromechanikerin, und zum erstenmal in meinem Leben bin ich stolz auf meine Arbeit. Früher habe ich mir immer ausgerechnet, wie viele Jahre ich noch bis zur Frühpension habe, aber nun glaube ich, daß ich im Beruf bleiben werde, solange sie mich behalten. Meine Tochter ist stolz auf mich. Ich habe sie was Ordentliches lernen lassen, auf die Gefahr hin, daß sie nachher auf mich herunterschaut, weil ich ja nur eine Hilfsarbeiterin war. Aber die Gefahr ist jetzt vorbei. Abends, wenn ich heimkomme, falle ich nicht gleich vor Müdigkeit ins Bett. Ich lese. Vor allem Bücher über Fernmeldetechnik. Ich hätte mir nie träumen lassen, daß Dinge, die mit meiner Arbeit zusammenhängen, so interessant sein können!

Es ist bloß schade, daß ich erst im späteren Alter die Chance bekommen habe, ein volleres Leben zu führen. Und daß die jungen Leute, auch die Mädchen, heutzutage Berufe erlernen können, die sie nicht fertigmachen, sondern die sie befriedigen — das freut mich. Aber ich bin ihnen auch ein bißchen neidig.

Vera Ferra-Mikura Der Haustorschlüssel

Die Kugel knallt an die Glocken. Tschin! Tschin! Dazu blitzen schwefelgelbe Lichter auf. Dann kullert die Kugel in ein Loch. Aus ist es. Erwin hat keinen Schilling mehr.

Drüben holen sie schon die Ponys aus dem Ringelspiel.

Die werden froh sein, denkt Erwin, allerweil rundherum, da müssen sie direkt vertrotteln.

In der Halle ist es auf einmal lähmend still. Man hört, wie der Regen auf das Dach tropft.

Erwin geht langsam hinaus. Er kämmt sich, während er hinausgeht.

Unter den Bäumen der Allee ist es noch trocken.

Erwin weicht den Bäumen aus. Er geht absichtlich im Regen.

Die Straßenbahn schleift in die Kurve und hält. Mit leisem Pfauchen gehen die Türen auf.

Er könnte einsteigen. Es ist ohnehin spät genug. Aber es muß später werden. Viel später. Heute muß es passieren. Den großen Krach muß es geben. Den großen Krach. Und endlich die große Entscheidung.

Nicht nachlassen, hat Onkel Rolf zur Mutter gesagt, konsequent bleiben! Drei Tage die Schule geschwänzt — das reicht! Nie pünktlich am Abend daheim! Damit ist Schluß!

Onkel Rolf ist nicht sein Onkel. Er lebt bei ihnen. Als Erwin noch in die Volksschule ging, ist er eingezogen. Das ist der Onkel Rolf, hat die Mutter verlegen gesagt, als er plötzlich an einem Sonntag zum Mittagessen kam. Mit Blumen für die Mutter und einem Plastikauto für Erwin.

Erwin lehnt sich an die staubige Wand des Wartehäuschens. Das kleine, bleiche Gesicht der Mutter taucht vor ihm auf. Warum versteht sie ihn nicht mehr?

Er schaut auf eine Neonröhre, die verschleiert im Regen hängt. Mit Gewalt hält er die Tränen zurück.

In die fünfte Klasse Gymnasium geht er schon, hört er die Mutter sagen. Sie ist unheimlich stolz darauf. Die Matura wird er machen. Studieren wird er. Vielleicht wird er Arzt. Vielleicht Rechtsanwalt oder Apotheker, das kann man jetzt noch nicht sagen. Aber schon mit der Matura ist einer mehr als die anderen.

Mehr. Was ist mehr?

Erwin will Möbeltischler werden. Nach der fünften Klasse ist die Schulpflicht vorbei. Beim alten Hawelka kann er sofort als Lehrling einsteigen. Der hat noch einen Betrieb, wo die Werkstücke nicht von einer Abteilung in die andere wandern. Vom ungehobelten Brett bis zum Tisch oder bis zum fertigen Wandverbau hat man alles unter den Händen. Keine Arbeit am Fließband. Keine Fabrik.

Seine Freunde spielen Fußball, steigen den Mädchen nach, hocken im Eissalon herum. Erwin geht zu Herrn Hawelka. Er gehört noch nicht dazu, aber keiner schickt ihn weg. Anfangs haben ihn die Gesellen ein bißchen gehänselt. Na, und wie heißt der Leim auf lateinisch? Ist das eine Buche oder eine Lärche, Herr Student?

Jetzt sagen sie schon: „Servus, Erwin!“ zu ihm. Er darf zuschauen. Sie erklären ihm die Maschinen, die Werkszeichnungen. Der jüngste Geselle hat nichts dagegen, daß Erwin die Späne und Scharten wegkehrt. Herr Hawelka wird mit der Mutter reden: „Bitte sehr, wenn er spürt, daß das sein Weg ist, soll er ihn doch gehen!“

Die nächste Straßenbahn. Er steigt ein, bleibt auf der Plattform stehen, mit dem Gesicht zum Fenster.

Die Mutter tut ihm leid. Er muß sie kränken. Um seine Zukunft geht es, nicht um ihre.

Um neun hat er daheim zu sein. Nur weil der Hausmeister manchmal schon um dreiviertel neun zusperrt, hat er einen eigenen Haustorschlüssel. Einige Male hat er Steinchen ans Fenster werfen müssen. Wenn das Hauptprogramm im Fernsehen läuft, läßt sich Onkel Rolf nicht gern stören.

Sie werden warten auf ihn. Seit zwei Stunden warten sie. Heute fordert er sie heraus. Er provoziert den Krach, er braucht ihn. Er braucht ihn, damit sie ihn endlich ernst nehmen, damit sie endlich begreifen, wie er sich seine Zukunft vorstellt. So und nicht anders. Mit Holz will er arbeiten, nur mit Holz.

In den Zeitungen schreiben sie jetzt manchmal über die „Aussteiger". Die wollen Robinson sein. Vom Büro weg. Von der Familie weg. Unter Palmen wollen sie liegen. In Bambushütten wollen sie hausen. Robinson wollen sie sein oder Tarzan.

Erwin will Möbeltischler werden, kein Waldmensch, kein Heuschreckenfresser.

„Du bist einer meiner besten Schüler", hat der Klassenvorstand gesagt, „du hast keinen Grund, aufzuhören, du hast die besten Chancen, daß aus dir etwas wird."

Etwas. Etwas ist ein Nebelgebilde. Darunter kann sich Erwin nichts vorstellen. Dieses Etwas ist kein Ziel für ihn. Sein Ziel ist, Möbel zu bauen. Schöne, solide Möbel. Sein Ziel ist kein Nebelgebilde.

Nun biegt er in die Gasse ein, in der er wohnt.

Zwei Schritte vor der Tornische fingert er am Schlüsselbund, hält ihn unters Licht der Straßenleuchte.

Ist ja nicht möglich, nein, das kann nicht wahr sein. Es ist aber doch wahr. Der Haustorschlüssel hängt nicht am Ring. Sie haben ihm den Haustorschlüssel weggenommen. Wer? Onkel Rolf? Die Mutter?

Erwin rennt auf die andere Straßenseite, starrt zu den Fenstern hinauf. Sie sind dunkel. Er wirft zwei Steinchen und wartet. Hat er nicht getroffen? Noch zwei Steinchen, die er aus dem Dreck im Rinnsal gräbt. Die Fenster bleiben dunkel.

Er läutet beim Hausmeister an. Der Hausmeister wohnt im Hintertrakt. Ob die Klingel funktioniert, kann man nicht hören.

Der Hausmeister kommt nicht. Niemand kommt. Erwin werkelt an der Türklinke herum. Das Tor bleibt zu. Er nimmt einen

Anlauf, wirft sich dagegen. Ein rasender Schmerz zuckt durch seine Schulter.

In die Tornische gepreßt, schreit er nach seiner Mutter.

„Mama! Mama!"

Er glaubt nicht, daß sie es gewesen ist. Sie kann ihm den Schlüssel nicht genommen haben. Das hat der Onkel Rolf gemacht. Heimlich. Weil die Mutter zu weich ist.

Erwin hat keinen Schilling fürs Telefon. Der Wirt an der Ecke wird ihn telefonieren lassen. Der Wirt, bei dem er immer den Wein holt für Onkel Rolf.

Der Wirt dreht selber die Wählscheibe und reicht Erwin den Hörer über die Theke. Drei Signale. Fünf. Zehn.

„Wird niemand daheim sein", meint er, als ihm Erwin den Hörer zurückgibt. „Probier es eben später noch einmal."

Erwin bedankt sich. Still geht er aus dem verrauchten Lokal auf die Straße.

Es regnet nicht mehr. Ein warmer Dunst steigt vom Asphalt auf.

Niemand daheim? Das gibt es nicht. Die Mutter wird versucht haben, ins Vorzimmer zu rennen. Sie wird gehofft haben, daß das Telefon läutet.

Erwin sieht es wie in einem Film. Onkel Rolf hält die Mutter fest, er hindert sie daran, zum Telefon zu rennen. Er hält sie, bis das Telefon nicht mehr läutet.

Konsequent sein. Nicht nachgeben. Biegen oder brechen. Dem Jungen zeigen, wer stärker ist. Die Minderjährigen heißen nicht nur so. Sie sind es.

Auf der Rückseite von Herrn Hawelkas Betrieb ist ein Lattenzaun mit einem Stacheldraht.

Erwin klettert darüber, zerreißt sich die Hose, reißt sich blutige Schrammen an den Händen und am Schenkel. Er läßt sich hinunterfallen in die Finsternis des Holzlagers. Auf allen vieren tastet er sich weiter.

Unter dem Flugdach liegen die Säcke mit Spänen.

Er heult vor Freude, als er die Säcke unter den Fingern fühlt.

Hier, wo es nach Holz riecht, wird er schlafen.

Und hier wird er eines Tages arbeiten.

Sogar dann, wenn er die Matura machen muß.

Dann wird der Maturant Erwin hier in die Lehre gehen.

Der Maturant Erwin wird Möbeltischler. Das wird seine Zukunft. Das Leben, das er sich wünscht.

Eleonore Zuzak Die Zerrissene

„Wieso bist du so ruhig?" fragt die Mutter.

„Ich lese", antwortet Willi.

„Ein Buch?"

„Ja."

„Wie heißt es denn?"

„Die Zerrissene."

„Du meinst *der* Zerrissene, von Nestroy."

„Es ist nicht von Nestroy."

„Von wem denn?"

„Von Tante Elli."

„Tante Elli hat doch noch nie ein Buch geschrieben."

„Es ist ja auch kein richtiges Buch."

„Was denn?"

„Ein Tagebuch."

„Aber Willi", empört sich die Mutter, „wie kannst du denn in einem fremden Tagebuch lesen?"

„Es gehört mir", sagt Willi. „Tante Elli hat es mir geschenkt, wie sie in Pension gegangen ist."

„Dann ist es ja ein Berufstagebuch", staunt die Mutter.

„Ja."

„Und das ist spannend?"

„Und wie", antwortet Willi.

„Du machst mich neugierig", sagt die Mutter. „Die Zerrissene ist also die Tante Elli?"

„Ja, das war ihr Spitzname im Büro."

„Und warum hat sie ausgerechnet dir das Tagebuch geschenkt?"

„Vielleicht hatte sie einen Hintergedanken", meint Willi bedeutungsvoll.

„Welchen Hintergedanken?"

„Daß ihr einer von uns nacheifert und eines Tages auch ein Zerrissener wird."

„Oder eine Zerrissene."

„Stimmt. In der Versicherung arbeiten ja Männer und Frauen."

„Dann mußt du das Tagebuch auch Renate lesen lassen."

„Ja, bis ich fertig bin", sagt Willi unwillig.

„Wieso hast du so viele Zettel eingelegt?" fragt die Mutter. „Ein Tagebuch liest man doch chronologisch."

„Tante Elli hat gesagt: Egal, wo du es aufschlägst, es wird dich interessieren."

„Jetzt machst du mich noch neugieriger. Laß mich lesen", bittet die Mutter.

„Nein, Tante Elli hat es mir geschenkt."

„Ich mache dir einen Vorschlag", lenkt die Mutter ein. „Lies mir die Seiten vor, die du noch nicht gelesen hast."

„Gut", sagt Willi und liest der Mutter vor.

Dezember 1945

Der Behringer hat zwar ein Glasauge, aber sein wirkliches Auge schaut mich so ehrlich an. Es wird schon stimmen, wenn es der Behringer sagt. In der Versicherung heizen sie. Warum soll ich mir zu Hause die Finger frieren, wenn ich in einem geheizten Büro maschinschreiben kann. Mir wird schon bei dem Gedanken daran warm. Ein ehrenvolles Motiv für eine Berufswahl ist das zwar nicht, aber ein lebensnotwendiges.

Gut. Werde ich also Versicherungsangestellte.

Jänner 1946

Vielleicht war es doch das Glasauge vom Behringer, das mich so ehrlich angeschaut hat? Der Schnee, den wir morgens von der Straße mit den Schuhen ins Büro bringen, schmilzt erst gegen Mittag. Und wie wir aussehen! Die Kollegen nennen uns Flintenweiber, denn bevor wir uns, komplett angezogen, an die Schreibmaschine setzen, schlüpfen wir noch in eine Trainingshose, zusätzlich zum Pullover in eine Weste, setzen wir eine Wollmütze auf, drapieren wir einen Wollschal um den Hals und stecken die klammen Finger in Handschuhe, denen wir vorher die Fingerspitzen abgeschnitten haben. Ohne diese Prozedur hielten wir es nicht aus. Aushalten wollen wir es aber, denn fürs Maschinschreiben werden Arbeiterkarten ausgegeben, und auf Arbeiterkarten gibt es mehr Lebensmittel als auf Angestelltenkarten. Noch nie waren Angestellte so erpicht darauf, zu den Arbeitern zu zählen, noch nie waren Männer so erpicht darauf, zum Maschinschreiben eingesetzt zu werden.

Februar 1946
Nächstes Jahr, sagen sie, werden wir nicht mehr so frieren müssen. Nächstes Jahr wird die Wärme im Zimmer bleiben und nicht wieder zum Fenster hinaus entweichen. Nächstes Jahr werden wir nicht mehr einfache, sondern doppelt verglaste Fenster haben. Es war also doch nicht so schlecht, zur Versicherung zu gehen. Die können organisieren. Das sieht man schon an den Schreibmaschinen. Nirgends gibt es Schreibmaschinen zu kaufen. Wir haben Schreibmaschinen, so viel wir brauchen. Meine ist zwar tschechischer Herkunft, aber bei den vielen österreichischen Namen, die ich auf Standkarten, Anträge, Abrechnungsbogen und Polizzen zu schreiben habe, sind die tschechischen Buchstaben nicht störend.

März 1946
Jetzt kenne ich schon alle Arbeiten in der Fachabteilung. Ich rechne, schreibe und lese. Ich rechne, schreibe und lese schon viel schneller als am ersten Tag. Mehr Abwechslung als Tempobeschleunigung habe ich hier nicht mehr zu erwarten. Ich werde kündigen. Die Sekretärin des Direktors, die ich zwischendurch vertreten werde, deren Arbeit abwechslungsreicher ist, wird sicher wieder gesund werden.

August 1946
Die Sekretärin ist wieder gesund. Leider. Gar nicht leider. Länger hätte ich es mit dem Direktor sowieso nicht ausgehalten. Er sagte,

ich soll das Denken den Pferden überlassen. Ich will aber, auch wenn ich kein Pferd bin, denken. Gut, sagt der Prokurist, gehen Sie in die Schadensabteilung.

September 1946
Ja, da bleibe ich. Die Schadensabteilung ist eine Denkabteilung. Hier wird nicht nur versicherungstechnisch, hier wird auch juristisch, medizinisch, ökonomisch, sozial, stilistisch und vor allem logisch gedacht. Das imponiert mir. Ich möchte logisch denken dürfen.

Nur einen Tag später
Schade, daß nicht alle Menschen gern logisch denken. Heute kam eine Dame mit einem Riesenhund ins Zimmer. Instinktiv suchte ich Schutz hinter meinem Schreibtisch. Aber, Fräulein, sagte die Dame belustigt, der tut doch nichts. Und was, gnädige Frau, führt Sie zu uns, frage ich? Eine Schadensmeldung möchte ich machen, sagte die Dame, ihren Hund liebevoll betrachtend. Er hat meiner Freundin bei der stürmischen Begrüßung die Bluse, den Rock und die Strumpfhose zerrissen. Der nächste Besucher war von der Logik noch weiter entfernt als die Hundebesitzerin. Er machte mir Vorwürfe, weil er schon so lange versichert ist und noch nie eine Leistung beansprucht hat. Der Besucher ist auf Ableben versichert . . .

Apropos Vorwürfe

Angenommen, es würde mich heute jemand fragen, was ein Schadensreferent am nötigsten braucht, ich müßte antworten, eine dicke Haut. Ließe ich alle Aggressionen meiner Besucher in mich eindringen, ich wäre schon seelisch krank.

Wieso sind sie alle böse auf mich? Wieso auf mich? Ich bin doch weder der Hund, der sie gebissen, noch der Einbrecher, der die Spuren seiner Verdauung auf dem neuen Teppichboden hinterlassen hat. Ich bin weder an den Minusgraden, noch an der mangelhaften Gehsteigsstreuung schuld. Schon gar nicht nehme ich die Schuld an ihrem Zimmerbrand auf mich. Ich war es doch nicht, der am

6. Jänner die Kerzen am trockenen Tannenbaum angezündet hat.

Ich habe das alles weder verursacht noch verhindern können. Das einzige, was mir zusteht, ist, vereinbarten Versicherungsschutz anzubieten.

Also, wenn ich noch einmal auf die Welt komme und eine Berufswahl treffen soll, werde ich keinesfalls Schadensreferentin.

Einen Tag später
Das stimmt nicht. Das war eine unüberlegte Bemerkung. Ich liebe meinen Beruf. Er ist eine tägliche Herausforderung. Er läßt mich täglich Neues lernen, er erwartet täglich neue Eigenschaften von mir, täglich kann ich mich bewähren. Einmal mit kontaktfreudigem Verhalten, einmal mit Einfühlungsvermögen, einmal durch Engelsgeduld.

Mein Wissensdurst wird gestillt, meine Überzeugungskraft gestärkt, mein Rechtsempfinden verfeinert. Ich muß mir Rollen aneignen. Die Rolle des Fürsorgerates, des Richters, des Lehrers, und immer wieder darf ich in die Rolle des Schülers schlüpfen, meine Interessen werden in Bahnen gelenkt. Ich lerne Aggressionen abbauen, Aggressionen verhindern. Mein diplomatisches Geschick entwickelt sich. Mein Mut zu Entscheidungen wächst. Ich lerne objektivieren. Ich lerne Menschen kennen, täglich neue Menschen. Täglich erweitert sich meine Menschenkenntnis. Täglich lerne ich aus dem Leben für das Leben.

4. Oktober 1964
Das werde ich bestimmt nicht tun. Aus der Erfahrung anderer werde ich für mich die Lehre ziehen. Drei Menschen wollten Zeit gewinnen und haben dabei ihr Leben verloren. Nur für ein paar Minuten Zeitgewinn haben sie es riskiert, bei der Rotphase von einem Auto, bei einer Abkürzung über die Gleisanlage von einem Zug erfaßt zu werden, beim Aufspringen unter die Räder zu geraten.

1. Juli 1973

Ab heute ist man in Österreich um zwei Jahre früher, also schon mit 19 Jahren großjährig. Seit Wochen berichten die Medien darüber. Wer großjährig ist, hat nun mehr Rechte. Wer großjährig ist, verliert aber auch Privilegien. Zum Beispiel das Privileg des Minderjährigen, bei der Versicherung der Privathaftpflicht der Eltern automatisch mitversichert zu sein. Die Betroffenen müßten Konsequenzen ziehen, müßten Kontakt mit uns aufnehmen, müßten für eine Vertragserweiterung sorgen. Ich weiß, daß es viele nicht tun werden, aus Unwissenheit, aus Vergeßlichkeit, aus Schlamperei. Egal aus welchen Gründen, sie werden plötzlich ohne Versicherungsschutz sein und ihn vielleicht brauchen. Und ich kann nichts dagegen tun. Das zermürbt mich.

Stichwort Lebensstandard

Wenn der Lebensstandard steigt, sollte auch die Versicherungssumme steigen. Paßt sich die Versicherungssumme nicht dem Lebensstandard an, dann ist die abgeschlossene Versicherung wie ein zu kurzes Hemd. Niemand wählt beim Hemdenkauf ein zu kurzes oder ein zu langes Hemd. Jeder entscheidet sich für ein passendes Hemd.

Warum wählen nicht alle die passende Versicherung, die passende Summe? Die Einbrecher passen sich an. Steigt der Lebensstandard, steigen auch ihre Bedürfnisse, decken sie ihren Bedarf. Ein absurder Gedanke, sich an Einbrechern zu orientieren, aber aus ihrem Diebsgut kann man Schlüsse auf den Lebensstandard vieler ziehen.

Nach dem Krieg bestand das Diebsgut aus Lebensmitteln und Zigaretten. Erst wurde der Eigenbedarf gedeckt, dann blühte das Tauschgeschäft. Nach und nach, als eine gewisse Sattheit eintrat, traten andere Bedürfnisse in den Vordergrund. Der Slogan „Technik im Haushalt" machte auch nicht vor den Einbrechern halt. Auch sie statteten ihren Haushalt technisch komplett aus. Dann kam wieder eine Tausch-Welle. Es folgte eine Schmuck- und Pelzperiode. Serienweise meldeten Juweliere und Pelzhändler Einbrüche. Parallel dazu wurde gleiches auch aus Einfamilienhäusern und Stadtwohnungen gestohlen.

Jetzt, da ich diese Zeilen niederschreibe, steht Bargeld im Vordergrund. Geld beim Bankschalter, Geld aus der Kassa im Supermarkt, Geld aus dem Sparschwein im Kindergarten.

Stichwort Zeit im Bild

Heute wimmelte es von Schadensfällen in Zeit im Bild. Morgen werden einige als Schadensmeldungen auf meinem Tisch liegen. Aber welche? Die Feuersbrunst im Hotel? Der Rohrbruch in der Hauptverkehrsstraße? Das galoppierende Fiakerpferd? Die Explosion, die ein Selbstmörder ausgelöst hat? Oder wird die Hochzeitsgesellschaft reihenweise aufmarschieren, der ein Wirt verdorbenes Essen serviert hat?

Morgen wird es auch noch regnen. Jetzt regnet es schon den dritten Tag. Die Niederschlagsmenge, sagte der Sprecher, überschritt schon gestern den langjährigen Durchschnitt. Das hätte ich ihm auch sagen können. So viele Schadensfälle durch eindringendes Regenwasser hatten wir noch nie, seit ich bei der Versicherung bin, und das sind immerhin schon 30 Jahre.

Wenn ich mir ein Wetter wünschen dürfte, ich wüßte nicht, welche Art Wetter weniger Umstände macht. Regen bringt Regenwasserschäden. Eine lange Trockenperiode begünstigt die Feuerschäden. Glatteis erhöht die Unfallschäden. Lang anhaltender Schneefall bringt Lawinenschäden. Und wenn es sehr, sehr schön ist, treibt es die Städter aus der Wohnung und die Einbrecher in die Wohnungen.

Also, welches Wetter sollte ich mir wünschen?

Stichwort Mitleid

Meine Gewohnheit, in Bildern zu denken, muß ich im Büro ablegen. Besonders bei den Unfallschäden. Wenn ich in Bildern denke, treiben sie mir die Tränen in die Augen und den Schweiß aus den Poren. Wenn ich das Gelesene in Bilder umsetze, leide ich mit. Mit den Betroffenen, mit den Angehörigen.

Ich leide mit dem Kind, das auf dem Feld der Eltern aus einem Krug trank, in dem es Wasser vermutete, in dem aber eine ätzende Flüssigkeit war.

Ich leide mit dem Kind, das an einer Schneeballschlacht teilnahm und durch ein kleines Steinchen auf einem Auge blind wurde.

Ich habe auch Mitleid mit der Kuh, die auf der Weide einen Sack aufriß und sich am Mehl zu Tode fraß.

Ich muß mir abgewöhnen, in Bildern zu denken. Außerdem sollte ich mich bemühen, ein schlechteres Gedächtnis zu haben. Aber, nein, das darf ich doch nicht. Mein gutes Gedächtnis für Schadensfälle gehört zu meinem Image. Von mir als Schadensreferentin mit langjähriger Praxis, ständig mit Schadensfällen konfrontiert, erwartet man, daß ich auf Knopfdruck Schadensfälle heraussprudle. Und ich erfülle, wenn auch mit Unbehagen, diese Erwartung. Tag für Tag.

Auf das Stichwort Forstarbeiter erzähle ich von den Unfällen beim Sägen, Fällen und Entasten, und ich vermittle dem Frager das Ergebnis der Statistik 1967: Jeder dritte Forstarbeiter erleidet einen Arbeitsunfall.

Auf das Stichwort Hausfrau springt mich ein Dutzend Schadensfälle an. Niemand kann glauben, daß ich diese Erfahrungen in einer Woche gesammelt habe: Beim Wurstschneiden mit dem Daumen in die Wurstschneidemaschine gekommen. Beim Auswechseln einer Glühbirne von der Leiter gefallen. Beim Öffnen einer Flasche mit dem Stoppelzieher abgerutscht. Beim Tranchieren eines Huhns mit dem Messer abgerutscht. Beide Male mit Verletzungsfolgen. Beim Umstoßen eines mit Wasser gefüllten Kübels gestürzt. Beim Schließen der Türe mit dem Ring an der Schnalle hängen geblieben. Mit dem Schuh in einem Teppichloch hängen geblieben. Mit dem Läufer ins Rutschen gekommen. Vom Stockerl gefallen. Beim Flambieren Brandwunden erlitten.

Genug. Aufhören, betteln die Fragesteller.

Ich höre auf, aber ich weiß, ich werde alles immer wieder wiederholen müssen.

Schade, daß Humor in der Werbung nicht gefragt ist. Jetzt kann ich meine Textentwürfe in meine große Mappe der Erinnerungen geben. Angeblich verträgt sich Humor nicht mit dem Versicherungsgedanken. Zugegeben, viele Schadensfälle haben einen ernsten Hintergrund, viele einen tragischen Ausgang. Aber es gibt auch heitere Fälle. Gestern hatte ich gleich drei zu bearbeiten.

Fall Nummer eins: Ein Gastwirt kam in die Küche, um aus dem großen Suppentopf Gulaschsuppe zu fassen. War er farbenblind? Die Suppe war nicht paprikarot, sondern schwarz. Der Wirt rieb sich die Augen. Die Suppe blieb schwarz. Die Lösung des Rätsels kam in der Person des Rauchfangkehrers in die Küche. Er holte seine Kugel, die ihm bei der Kaminreinigung entglitten war.

Fall Nummer zwei: Eine Zuchtsau zertrümmerte ihren wackeligen Verschlag und stattete der nahegelegenen Schweinemästerei einen Besuch ab. Dort verschob sie ein Brett, sodaß eine Öffnung entstand, durch die 129 Ferkel aus dem Stall ins Freie liefen. Die quietschenden Ferkel schreckten alle Bewohner der kleinen burgenländischen Gemeinde aus dem Schlaf. Es begann eine wilde Verfolgungsjagd, an der auch alle von der Kette gelösten Hunde des Ortes kläffend teilnahmen. Es war ein Riesenspektakel, lauter als beim Kirtag. Bis auf zwei konnten alle Ausreißer eingefangen werden. Der Austrommler schrie sich am nächsten Morgen heiser. Die beiden Ferkel kamen nie wieder zum Vorschein.

Fall Nummer drei: Bello sah abwechselnd zu seinem Herrn und zu dessen Besuch. Bello stellte die Ohren auf, wedelte mit dem Schwanz, streckte die Zunge heraus und bellte. Es nützte nichts, er fand keine Beachtung. Herr und Besucher plauderten. Auf dem Tisch lag eine größere Banknote. Der Besucher wollte sie gewechselt haben. Die Mißachtung wurde Bello zu dumm. Er schnappte sich den Geldschein vom Tisch und fraß ihn auf. Nun fand er Beachtung, aber in einer anderen Form als gewünscht. Ziemlich böse wurden das Herrl und der Besucher. So hatten sie sich den Geldwechsel nicht vorgestellt. Ihr Gesicht erhellte sich erst, als aus der Untat ein Versicherungsfall mit Entschädigungsleistung wurde.

Keine Ahnung haben die meisten Menschen von der Arbeit eines Schadensreferenten. Für den einen ist man ein Schreibtischhocker, für den anderen ein Paragraphenreiter, für den dritten ein Wortklauber. Keine Ahnung haben die meisten Menschen von der seelischen Belastung eines Schadensreferenten, dem Hellseher, der schwarz sieht.

Keine Ahnung haben die meisten Menschen von der interessanten Tätigkeit eines Schadensreferenten.

Wenn ich in Pension gehe, werde ich dem Willi mein Tagebuch schenken. Vielleicht eifert er mir nach. Vielleicht die Renate. Vielleicht will sie auch eine Zerrissene werden.

„Siehst du, Mutter", sagt Willi. „Ich habe es geahnt, Tante Elli hatte einen Hintergedanken, als sie mir das Tagebuch gab."

Daniela Duffek Die NÖ-Landesregierung

Durch die blanken Hallen — marmorisierte Stufen — orange Mäntel kichern die Lifte hinauf — auf Tour gehen — das heißt: 23 Zimmer in 5 Stunden „bedient" zu haben. Wir sind für das Parterre eingeteilt. Kehren, waschen, putzen . . . Den Zigarettenstummel, den ich Gott sei Dank gefunden habe, kehre ich gradaus, dann rechts weiter gradaus und dann links. Eine Frau, die mal kurz austreten mußte, macht einen weiten Bogen um mein imaginäres Misthäufchen. Ich kehre nicht zu meinen Schuhen, sondern von mir weg. Den Staub, den ich dabei aufwirbeln könnte, den gibt es nicht, aber den, der auf meinen Schuhen bleiben könnte, den gibt es schon.

Der Portier: „Sie können froh sein, daß Sie da arbeiten!" Ein orange-bemänteltes Ich: „Meinen Sie das Parterre oder die Firma?"

Den Putzfetzen nimmt man mit der Rechten und dreht ja nicht mit der Linken. Erfolgserlebnis, wenn das Wasser schmutzig wird. „Das sind sicher so präparierte Fetzen, die den Schmutz schon mitgeliefert kriegen, damit die Bedienerinnen in solchen Hallen nicht depressiv werden." Ich habe das Silberpapierfutzel verloren, kann es bei dem gesprenkelten Marmorboden nicht mehr entdecken und bin traurig. Die Fingerabdrücke auf den Schleiflacktischen wegrubbeln. Die Frau, die da arbeitet, hat sich die Hände mit einer fetten Creme eingerieben. Die Frau, die im 5. Stock, Tür 512, arbeitet, will abnehmen, Äpfel- und Orangenschalen liegen in den Papierkörben. Der Wirkliche Herr Hofrat auf Zimmer 503 hat sich im „Kurier" den Namen Dr. Matthias Kerbel unterstrichen und ein Fragezeichen an den Rand gemacht. „Dr. Matthias Kerbel" ist Österreicher, der in Paraguay eine Autobahn vermißt und eine Blitzkarriere gemacht hat mit seinen 35 Jahren — zu jung für Erfahrung — so macht man das, wenn man früh zu Geld kommen will. Als Bedienerin wird man von Wirklichen Hofräten kaum gegrüßt. Es grüßten nur die, die an häßlichen Schreibtischen mit ungemütlichen Holzstühlen die Akte A—D für St. Michael in NÖ durchgehen müssen. Hofräte und Direktoren haben Polstersessel und Gummibäume, sie haben zwei Besucherstühle aus schwerem schwarzem Holz und einen Eisschrank, in dem Sekt und NÖ-Weine gelagert sind, und können ihre Büroschuhe offen rumstehen lassen.

Ich putze den Halter fürs Klopapier blank, freue mich, wenn man keine Wischstriche sieht. Im Damenklo gibt es Seife, im Herrenklo gibt es aber keine Blausiegel um S 10,—, wie sonst immer, wo ich geputzt habe.

Dann wartet man von sieben bis dreivierteLacht, damit man nicht zu früh runtergeht.

Ernst A. Ekker Ein Häuschen im Grünen

1960. Emmi und Walter sind dreißig Jahre alt und seit fünf Jahren verheiratet. Noch immer haben sie keine eigene Wohnung. Sie leben als Untermieter in der Mansardenwohnung eines alten Hauses in Hermagor.

Das Haus ist baufällig. Bei schlechtem Wetter reißt der Sturm immer wieder kaputte Ziegel vom Dach, und es regnet in ihre Betten. Im Sommer ist es brütend heiß in den zwei Räumen, im Winter naß und kalt.

Emmi ist Verkäuferin in einem Lebensmittelgeschäft. Walter arbeitet als Zollbeamter an der österreichisch-italienischen Grenze.

Als im Jänner ihre Tochter Barbara zur Welt kommt, sagt Walter zu seiner Frau: „Unser Kind soll es einmal besser haben als wir . . ."

Und Emmi sagt: „Das Kind soll ein eigenes Häuschen haben. Ein Häuschen im Grünen."

Die beiden beginnen, für das Häuschen für das Kind zu leben.

Ein paar Monate nach ihrer Geburt wird Barbara zu einer Pflegemutter gegeben. Emmi und Walter entschließen sich dazu, damit es das Kind jetzt schon besser hat. Zu ihren Bekannten sagen sie: „In unserer nassen Wohnung wird Barbara sicher bald krank. Und dort, in der Pflege, lebt sie in einem Häuschen mit Garten und mit anderen Kindern."

Barbara wird dennoch ein paar Wochen später krank. Die Wohnung der Pflegemutter ist überheizt und wird kaum gelüftet. Die Frau versorgt fünf Kleinkinder von verschiedenen Müttern.

Emmi kommt meistens an den Wochenenden und fährt mit Barbara im Kinderwagen spazieren. Walter kommt manchmal unter der Woche und fährt mit Barbara im Kinderwagen spazieren. Er hat sehr oft am Wochenende Dienst.

Im Laufe der Zeit kommen Emmi und Walter immer seltener. Sie haben auf einem Berghang bei Kötschach ein Grundstück gekauft. Das Grundstück war teuer. Sie beginnen, ein Häuschen zu bauen. Das Material ist teuer. Die Maurer sind teuer. Emmi und Walter fahren in jeder freien Minute zu ihrem Grundstück und packen selbst mit an.

Sie müssen einen Kredit aufnehmen und die Schulden abzahlen. Also nimmt Emmi auch noch die Stelle einer Putzfrau an: Am Morgen, bevor sie im Lebensmittelgeschäft zu arbeiten beginnt, macht sie in den Büroräumen eines Fuhrunternehmers sauber. An ihren „freien" Samstagnachmittagen putzt sie Fensterscheiben in Privatwohnungen.

Walter springt oft für Kollegen ein und macht Überstunden beim Zoll. Er kontrolliert die Züge zwischen Villach und Tarvisio. Immer seltener kommt er nach Hause. Und wenn er heimkommt, dann nur, um an ihrem Haus weiterzubauen. Seine Arbeit macht ihm nicht viel Spaß. Er haßt es, die Grenzgänger nach geschmuggeltem Wein zu untersuchen oder nach italienischen Lederschuhen und Pullovern. Er weiß, daß die großen Schmuggler viel gerissener sind und daß sie nicht im Zug sitzen.

Immer seltener sehen Walter und Emmi ihr Kind.

Immer seltener kommen Walter und Emmi dazu, miteinander zu sprechen.

Das Häuschen auf dem eigenen Grundstück wächst. Langsam.

1970. Emmi und Walter sind vierzig Jahre alt und seit fünfzehn Jahren verheiratet. Barbara ist zehn Jahre alt.

Das Häuschen für das Kind ist endlich fertig. Zwischendurch hatten sie mehrmals die Bauarbeiten unterbrechen müssen. Das Geld war ihnen ausgegangen.

Nun ist das Häuschen fertig. Aber es ist noch lange nicht abbezahlt.

Walter macht noch mehr Überstunden.

Emmi nimmt eine andere Zusatzarbeit an: Jeden Abend, wenn sie von Hermagor nach Kötschach zurückgekehrt ist, hilft sie in einem Gasthaus als Kellnerin aus. An Sonntagen arbeitet sie dort auch nachmittags. Barbara darf nun endlich daheim bei ihren Eltern wohnen. Im Häuschen mit Garten. Während der zwei Ferienmonate. Nach den Ferien kommt sie nach Lienz in ein Internat. Zu ihren Bekannten sagen Emmi und Walter: „Wir haben viel Arbeit. Da können wir uns nicht so richtig um das Kind kümmern. Und dort, im Internat, hat sie Erzieher, die ihr bei den Aufgaben helfen, und sie lebt mit vielen anderen Kindern. Das kann nur gut sein für die Barbara."

Das Häuschen für das Kind steht die meiste Zeit leer. Walter kommt oft wochenlang nicht nach Hause. Er hat ein Dienstzimmer in Villach, wo er zwischen seinen Zolleinsätzen schlafen kann. Emmi kommt meistens nur auf ein paar Schlafstunden heim.

Emmi und Walter sehen einander fast überhaupt nicht mehr.

1980. Emmi ist fünfzig Jahre alt und Witwe. Walter ist vor einem Jahr bei einem Verkehrsunfall ums Leben gekommen.

Emmi hat das tägliche Hin- und Herfahren zwischen Kötschach und Hermagor und die Arbeit in dem Lebensmittelgeschäft aufgegeben. Sie vermietet. Sie nimmt Urlauber aus der Bundesrepublik Deutschland auf, Feriengäste. Die fühlen sich wohl in dem Häuschen im Grünen und mit dem Blick auf die Almen und Berge.

Barbara fühlt sich nicht wohl unter so vielen Fremden. Bis auf ihr Zimmer und die Küche, in der Emmi schläft, sind alle Räume des Häuschens vermietet.

„Wir brauchen das Geld", sagt Emmi. „Die Schulden sind noch längst nicht zurückgezahlt."

Barbara hat vor zwei Jahren die Matura gemacht, in Lienz. Sie hat versucht, in Kötschach eine Arbeit zu bekommen. Bei der Gemeinde, bei der Gendarmerie, bei der Sparkasse. Es gibt keine freien Stellen für Maturanten bei der Gemeinde, bei der Gendarmerie, bei der Sparkasse.

Barbara findet auch in Hermagor keine Stelle, auch nicht in Villach und nicht in Klagenfurt.

Emmi möchte, daß Barbara in Kötschach bleibt. In ihrem Häuschen im Grünen.

Barbara aber ist im Grunde froh darüber, daß sie in Kötschach keine Arbeit findet. Sie haßt das Häuschen. Es ist ihr fremd. Sie kann darin nicht atmen, behauptet sie.

Emmi weint, als sie das hört.

Barbara soll das Kindergartenseminar in Klagenfurt besuchen. Emmi kennt die Leiterin eines Kindergartens in ihrem Bezirk; die hat ihr versprochen, eine Stelle für Barbara freizuhalten.

Doch als Barbara dann Kindergärtnerin ist, braucht man im ganzen Bezirk keine neuen Kindergärtnerinnen.

Barbara ist gar nicht unglücklich darüber. Ihr ist das Häuschen im Grünen noch immer fremd. Sie kennt fast niemanden in Kötschach.

Ein paar Monate lang hilft sie der Mutter, die Urlauberfamilien zu betreuen. Sie atmet auf, als sie eine Stelle in einem Kindergarten in Wien bekommt. Sie zieht nach Wien. Sie lebt in Untermiete. Sie lernt Menschen kennen, die sie mag. Und zum ersten Mal in ihrem Leben fühlt sie sich wohl.

Emmi möchte, daß Barbara so bald wie möglich nach Kötschach zieht. Als sie erfährt, daß Barbara einen jungen Mann kennengelernt hat, mit dem sie zusammenlebt, entschließt sie sich, einen weiteren Trakt ans Häuschen anzubauen. Mit eigenem Eingang. „Ihr sollt ungestört hier leben können", sagt sie. Sie nimmt einen Kredit auf und läßt bauen.

Barbara und ihr Freund Thomas — ein Krankenpfleger — kommen während ihres Sommerurlaubs. Sie halten es nur eine Woche aus.

Emmi ist unglücklich, aber sie weiß es gar nicht. Sie stürzt sich in die Arbeit. Sie verwöhnt ihre deutschen Urlauberfamilien, die jedes Jahr wiederkommen und erzählen, daß sie das ganze Jahr daheim von ihr und Kötschach träumen.

An manchen Abenden und an den Wochenend-Nachmittagen hilft Emmi immer noch im Gasthaus aus. Sie muß Betrieb um sich haben und etwas tun, behauptet sie.

Im Winter fühlt sie sich oft sehr allein. Sie hofft, daß Barbara und Thomas wenigstens über ein verlängertes Wochenende zu Besuch kommen werden.

Der Anbau ist bereits fertig. Nur das Geld für die Einrichtung fehlt noch. „Wir wollen das alles selber einrichten", hat Barbara neulich geschrieben.

„Das heißt wohl, sie wollen doch hierher übersiedeln", sagt Emmi zu einer Bekannten. „Kannst du mir Geld leihen, damit ich sie überraschen kann? Wenn sie kommen, sollen schon alle Möbel da sein."

Sie ist enttäuscht, als Barbara nicht in Jubelrufe ausbricht. Barbara tut ihre Mutter leid, aber sie findet die neuen Räume genauso ungemütlich wie die im Haupthaus, und die Möbel findet sie scheußlich. Aber das sagt sie nicht der Mutter, sondern Thomas.

Beide denken nicht daran, hier zu leben. Weder für Barbara als Kindergärtnerin noch für Thomas als Krankenpfleger bestehen in der Umgebung Chancen auf eine Anstellung. Das erleichtert ihnen die Entscheidung. Sie beschließen, in Wien zu bleiben.

Im nächsten Spätherbst, kurz nachdem der letzte Urlaubsgast das Häuschen im Grünen verlassen hat, wird Emmi krank. Sie liegt nun schon seit Wochen im Krankenhaus.

Das Häuschen im Grünen steht leer.

Ernst Epler Die Geschichte von Helmut und Bärbel

Und dann war der „blaue Brief" da. „Geehrter Mitarbeiter! Zu unserem Bedauern sehen wir uns gezwungen . . . dringend notwendige Reorganisation unseres Betriebes . . . Mit besten Wünschen für Ihre Zukunft . . ." Er brauchte die gewundenen Sätze erst gar nicht zu lesen, er wußte, das ist die Kündigung. Schon wochenlang war im Betrieb bekannt gewesen, daß ein Personalabbau bevorsteht. Jeder hatte gefürchtet und doch wieder gehofft. Heiliger Florian, laß den Blitz nicht bei mir einschlagen!

Helmut hält das Schreiben in der Hand und sieht sich um. Merkwürdig still ist es um ihn. Die Kollegen, die noch einmal davongekommen sind, schauen weg, als ob sie sich schämten. Aber was sollen sie ihm sagen? Plötzlich fühlt er sich in „seiner" Bude, in der er jahrelang gearbeitet hat, wie ein Fremder. Er hat es ja schwarz auf weiß: unerwünscht. Nur weg! denkt er. Und nicht umdrehen!

Daheim legt er das Kündigungsschreiben auf den Küchentisch. Bärbel braucht es nicht zu lesen, sie sieht an seiner Miene, was los ist. „Ah, ich werde mir schon was finden", sagt er mit gespielter Sicherheit. „Facharbeiter kann man immer brauchen."

„Und außerdem", sagt Bärbel, „ich verdiene ja auch ein bißchen was, und mein Posten ist sicher."

Doch Helmut wischt Bärbels Verdienst mit einer großartigen Handbewegung weg. Halbtagsarbeit . . . 50 Schilling die Stunde . . . besseres Taschengeld, kaum genug, um die Schulden zu bezahlen.

Ja, sie haben Schulden. Jahrelang hatten sie bei seinen Eltern gewohnt, und daran war ihre Ehe fast kaputtgegangen. Und schließlich, als ihre Tochter zur Welt kam, hatten sie eine Eigentumswohnung beangabt, mit Kredit von der Bausparkasse, und auch die Eltern hatten tüchtig in den Sack greifen müssen; und dann, als sie einzogen, hatten sie noch einen weiteren Kredit gebraucht, um die neue Wohnung zu möblieren. Das alles machte ihnen kein Kopfzerbrechen, solange Helmut in Arbeit stand und Bärbel dazuverdiente. Aber nun . . .

Zwei Monate später. Noch immer nichts. Das Wartezimmer im Arbeitsamt ist voll, und Helmut ist Nummer soundsoviel. Die Beamten sind höflich und unpersönlich. Helmut studiert den Arbeitsmarktanzeiger und die Rubrik „Offene Stellen" in der Zeitung. Wenn er — selten genug — ein Inserat findet, für das er in Frage käme, ruft er an. Meist hört er: „Leider, wir haben schon jemanden." Manchmal erkundigt sich der Chef oder der Mann im Personalbüro erst nach Berufspraxis, letztem Betrieb, Höhe des letzten Lohns und Alter. Einem Pferd schaut man auch noch ins Maul wegen der Zähne, denkt Helmut. Aber natürlich sagt er es nicht. Und dann hört er: „Lassen Sie mir bitte Ihre Adresse, damit wir auf Ihre Bewerbung zurückkommen können." Er weiß, was das heißt. Seine Qualifikation ist nicht spezialisiert genug, oder sie brauchen einen Jüngeren, der mit dem Mindestlohn zufrieden ist, weil er Berufspraxis erwerben will, oder irgendwas anderes hat dem Mann am anderen Ende des Drahtes nicht gepaßt. Es gibt ja genug andere Arbeitssuchende.

Daheim ist die Stimmung gedrückt. Wenn Bärbel von ihrer Arbeit mittags heimkommt, hat Helmut schon eingekauft und schlecht und recht das Mittagessen vorbereitet. Sie essen schweigend. Helmut will von seiner vergeblichen Arbeitssuche nicht sprechen. Einmal hat ihn Bärbel danach gefragt, und da ist er wütend geworden. „Kontrollierst du mich? Glaubst du, ich geh spazieren?" Nachher hat er sich geschämt, aber für eine Entschuldigung reichte es nicht.

Helmut bekommt 20 Wochen lang Arbeitslosenunterstützung. Sie ist ungefähr halb so hoch wie sein letzter Lohn, aber irgendwie geht es noch. Es *muß* gehen. Er setzt sich mit Bärbel zusammen, und sie stellen eine Haushaltsrechnung auf. Die „Arbeitslose" reicht für das Essen und allenfalls für Strom, Gas, Telefon. Bärbels Verdienst geht auf Darlehensrückzahlung auf, und dann bleibt noch was übrig für die Betriebskosten der Wohnung. Schluß. Und was machen wir mit dem Auto? Der alte Benzinfresser kostet mehr als 1000 Schilling im Monat. Helmut will den Wagen verkaufen, aber Bärbel ist dagegen. Erstens kriegt man für die „Tschäsen" nicht mehr viel, und zweitens könnte man den Wagen später noch brauchen. „Stell dir vor, du kriegst einen Job am anderen Ende der Stadt, wo die Verkehrsverbindungen schlecht sind", sagt sie.

Mit dem Geld geht es also vorerst zur Not aus. Nein, es geht nicht mehr ganz aus. Die kleine Renate braucht Geld für den Kindergarten, und die Schuhe sind ihr schon zu klein. Und die Versicherungen müssen bezahlt werden. Und im Winter kommen die Heizkosten dazu. Und die Kosten für Neuanschaffungen von Wäsche und Kleidung kann man zwar eine Weile aufschieben, aber dann ...

An das „Aber dann" denken sie vorerst lieber nicht. In elf Wochen läuft die Arbeitslosenunterstützung aus, und wenn Helmut bis dahin keine Arbeit hat, bekommt er Notstandsunterstützung. Der „Notstand" wird nach dem Familieneinkommen berechnet. Und da Bärbel in Arbeit steht, wird Helmut noch viel weniger bekommen als bisher. Nein, lieber nicht dran denken!

Langsam geht nicht nur der bisherige Lebensstandard kaputt, sondern auch Helmuts Selbstachtung. Andere Leute haben Arbeit, denkt er, und mich haben sie gekündigt, und nun finde ich keinen Job. Ich bin eben eine Niete, ein Versager, niemand braucht mich, und mit der Zeit werde ich auch für Bärbel eine Belastung. Sie ist nur zu anständig, um es mir ins Gesicht zu sagen.

Am Monatsersten gibt ihm Bärbel ihren Lohn. Er ist ja nun der „Hausmann". Weit hab ich es gebracht, denkt er. Ich lasse mich von meiner Frau aushalten.

Die kleine Renate sitzt daneben, sie greift spielerisch nach den blauen Scheinen. „Papa, kaufst mir ..." Er brüllt sie hemmungslos an. „Verkomm, du Mistfratz, elendiger!" Ein Hagel von Schimpfwörtern prasselt auf das erschrockene Kind. Bärbel wirft sich dazwischen. Plötzlich sackt Helmut auf seinem Sessel zusammen. „Komm, Renate, ich hab's nicht so gemeint, ich bin halt nervös, komm, bist ja mein Mäderl . . ."

Das ist die noch unvollendete Geschichte von zwei „kleinen Leuten", von Helmut und Bärbel, die von einer für sie unverständlichen Macht in den Strudel gerissen und hinuntergezogen werden. Die Wirtschaftswissenschaftler nennen es „Konjunkturabschwung" oder „Depression" oder „Automationskrise", aber mit diesen schönen Fachausdrücken wird es für Helmut und Bärbel nicht klarer, warum arbeitswilligen und arbeitsfähigen Menschen mitten in der sogenannten Wohlstandsgesellschaft langsam die Möglichkeit zu einem menschenwürdigen Leben abgeschnürt wird.

Die Geschichte von Helmut und Bärbel und ihrem kleinen Mäderl kann gut oder schlecht ausgehen. Das hängt davon ab, ob sie sich ihren Durchhaltewillen und ihre Selbstachtung bewahren. Aber das hängt nicht nur von ihnen ab.